AF316111

(Programme de 1880)

TABLEAUX SYNOPTIQUES

DE

L'HISTOIRE DE L'EUROPE

ET PARTICULIÈREMENT DE LA FRANCE

Premier fascicule : De 395 à 1270

(CLASSE DE TROISIÈME)

RÉDIGÉS D'APRÈS LE PROGRAMME DU BACCALAURÉAT ÈS LETTRES

Par M. H. BRIAND

PROFESSEUR D'HISTOIRE.

TROISIÈME ÉDITION.

PARIS

IMPRIMERIE ET LIBRAIRIE CLASSIQUES

Maison Jules DELALAIN et Fils

DELALAIN FRÈRES, Successeurs

56, RUE DES ÉCOLES, 56

HISTOIRE DE L'EUROPE

ET PARTICULIÈREMENT DE LA FRANCE

DU Ve SIÈCLE A LA FIN DU XIIIe SIÈCLE

(395-1270).

LA GAULE AVANT LA CONQUÊTE ROMAINE.

Limites.
La Gaule Transalpine (au delà des Alpes par rapport aux Romains, qui nommaient *Gaule Cisalpine*, en deçà des Alpes, l'Italie septentrionale sur les deux rives du Pô) avait pour limites : *à l'est*, les Alpes et le Rhin ; — *au nord*, la mer du Nord et la Manche ; — *à l'ouest*, l'Océan Atlantique ; — *au sud*, les Pyrénées et la mer Méditerranée.

Population.
La Gaule fut peuplée par : 1° les Celtes ou *Gaëls*, venus de l'Est ; 2° les *Belges* ou Kymris, venus du Nord ; 3° les *Ibères* ou Basques venus du Midi.

Caractère.
Les Gaulois étaient, en général, grands, forts, avec des cheveux blonds, des yeux bleus, braves, surtout pour un premier choc, parlant facilement et beaucoup, vaniteux et curieux. — *Caton l'Ancien* les peint dans cette phrase : *fortiter pugnare et argute loqui.*

Gouvernement.
Ils formaient de nombreuses *tribus*, indépendantes les unes des autres, et souvent en guerre entre elles, mais se réunissant parfois sous l'autorité d'un brenn.

Religion et culte.
Ils adoraient les forces de la nature personnifiées : *Hésus*, le dieu de la guerre ; *Teutatès*, le dieu des arts ; *Ogmius*, le dieu de l'éloquence ; *la déesse Arduina* ou l'immense forêt des Ardennes ; *Tarann*, l'esprit du tonnerre. — Ils faisaient des sacrifices humains.

Leurs prêtres, les Druides ou *hommes des chênes*, étaient très puissants : exempts du service militaire, ils rendaient la justice, etc., se réunissaient périodiquement dans le pays des *Carnutes* (Chartres) sous la direction d'un *archidruide* ou druide suprême. — Tous les ans, dans l'hiver, un druide coupait avec une faucille d'or le gui du chêne, considéré comme une plante sacrée ; un autre le recevait dans une robe blanche.

<table>
<tr><td>Monuments druidiques.</td><td>Il y en avait de trois sortes : 1° des menhirs ou pierres droites plantées en terre en forme d'aiguilles ; 2° des cromlechs ou cercles de pierres ; 3° des dolmens ou allées couvertes.
Principaux monuments à Carnac et à Locmariaquer, dans les îles de Sein, Belle-Isle, Jersey, Guernesey, etc.
Qu'était-ce ? Des tombeaux ? des lieux d'assemblée ? des observatoires ? des symboles cosmogoniques ? des habitations primitives ?</td></tr>
<tr><td>Principaux peuples.</td><td>Les Gaulois comprenaient : 1° au nord, les Belges, entre le Rhin et la Seine ; — 2° au centre, les Celtes, entre la Seine et la Charente ; — 3° au sud, les Aquitains, entre la Charente et les Pyrénées.</td></tr>
<tr><td>Migrations.</td><td>Les Gaulois ont peuplé l'île d'Albion ou de Bretagne (Angleterre), l'Irlande ; le nord et l'ouest de l'Espagne, sous le nom de Celtibériens ; le nord de l'Italie.
Les Sénonais ont pris Rome en 390, sous la conduite de Brennus, ou plutôt d'un brenn (chef). — Plus tard, les Trocmes, Tectosages et Tolistoboïes ont rencontré Alexandre sur le Danube. — Au siècle suivant, ils pillèrent la Macédoine, le temple de Delphes en Grèce, et s'établirent au centre de l'Asie Mineure, qui fut dès lors nommée Gallo-Grèce ou Galatie.</td></tr>
<tr><td>Colonies étrangères.</td><td>Des Phocéens venus d'Asie Mineure fondent Massalie (Marseille), vers 600 avant J. C., puis Nice, Antibes, Agde, etc. Peut-être des Phéniciens ont-ils bâti Nîmes ? Peut-être le Rhône doit-il son nom aux Rhodiens ?
Marseille, république grecque et marchande, aux prises, sur terre, avec les Barbares de l'intérieur, sur mer, avec les marins étrusques et carthaginois, appelle à son secours les Romains, qui fondent, en 122, Aix (Aquæ Sextiæ) ; en 118, Narbonne (Narbo Martius), et créent la Province Romaine Narbonaise, d'où viendra le nom de Provence.</td></tr>
</table>

LA GAULE ROMAINE.

<table>
<tr><td>La conquête romaine
(58-50 av. J. C.).</td><td>Jules César, proconsul en Gaule, est appelé par les Éduens dans la Celtique.
1re campagne. Il bat les Helvètes, puis Arioviste et les Suèves (58).
2e campagne. Appelé par les Rèmes en Belgique, il soumet les Suessions, les Bellovaques, les Aduatiques, etc., et écrase les Nerviens (57).
3e campagne. Défaite des Vénètes sur terre et sur mer ; soumission de l'Armorique (pays maritime) (56).
4e et 5e campagnes. Deux expéditions dans l'île de Bretagne. Défaite des Usipiens et Tenctères, qui avaient envahi la Gaule ; pont jeté sur le Rhin (55-54).
6e campagne. Défaites d'Ambiorix et d'Indutiomar.
7e campagne. Soulèvement général des Gaulois. — L'Arverne Vercingétorix (chef des cent chefs), Lucter, Camulogène. — Prise de Genabum (Orléans) et d'Avaricum (Bourges) par César. Il est repoussé à Gergovie (Clermont). Victoire des Romains au bord de l'Arar (Saône). — Siège d'Alesia (Alise, dans la Côte-d'Or). — Captivité de Vercingétorix (52). — Prise d'Uxellodunum ; soumission de la Gaule (51). — La légion de l'Alouette.</td></tr>
</table>

<table>
<tr><td>Organisation
de la conquête.</td><td>

Division de la Gaule sous Auguste en 4 provinces : *Lyonnaise* (Lyon) ; *Narbonaise* (Narbonne) ; *Aquitaine* (Bordeaux) ; *Belgique* (Trèves). — Plus tard deux nouvelles provinces le long du Rhin : *Germanie Supérieure* (Mayence) : *Germanie Inférieure* (Cologne).

Lyon (Lugdunum) bâti par Munatius Plancus au confluent du *Rhodanus* (Rhône) et de l'*Arar* (Saône), *capitale de la Gaule.*

Le nombre des cités est réduit à 60, chacune étant subdivisée en *pagi* ou cantons. Parmi ces cités, cinq degrés différents ; il y a : 1° des *colonies romaines* ; 2° des *colonies latines* ; 3° des *alliés* ou *fédérés*, sans impôt, mais devant le le service militaire ; 4° des *peuples autonomes* ou *libres*, astreints à l'impôt ; 5° des *sujets.*

Nouvelle division sous Dioclétien. Il y a la **Préfecture des Gaules**, *Trèves* capitale. avec 3 **diocèses** : *Bretagne, Gaule, Espagne.* Le diocèse des Gaules comprend 17 provinces. Il y a désormais 120 cités, au lieu de 60.

</td></tr>
<tr><td>Administration
provinciale
et municipale.</td><td>

La **Préfecture** est administrée, au civil, par un **préfet**, le diocèse par un *vicaire.*

Dans chaque province, un *proconsul* avec le pouvoir civil et judiciaire. — Un *maître de la milice* (comte ou duc) commande les troupes de toute la Préfecture des Gaules.

Dans chaque cité, une *curie* (conseil municipal) composée de tous ceux qui possèdent au moins 25 *jugera* (arpents). Dans la curie, sont pris les *duumvirs* ou *curiales*, magistrats municipaux, qui répartissent et lèvent l'impôt.

</td></tr>
<tr><td>Condition
des personnes.
———
Le colonat.</td><td>

Il y a : 1° les Nobles ; 2° les curiales (à peu près la bourgeoisie), dont les fonctions devinrent héréditaires ; 3° le *peuple* (colons, affranchis, artisans, etc.) ; 4° les esclaves.

Les cultivateurs libres finissent peu à peu par être attachés à la terre qu'ils cultivent comme *fermiers* ou *locataires* ou même *propriétaires* ; le fisc les rendant responsables eux et leurs descendants, à perpétuité, de l'impôt dû par cette terre, ils en sont les *colons.*

Le colonat est un état intermédiaire entre la liberté et l'esclavage : *inférieur à la liberté*, puisque le colon ne peut pas bouger de place, la terre le tient ; *supérieur à l'esclavage*, puisque le colon est libre de son corps, il n'appartient à personne.

</td></tr>
<tr><td>La Gaule
devient romaine.</td><td>

La **Gaule** devient vite romaine. Les noms *latins* remplacent les noms *gaulois*: Augustodunum (Bibracte), Augustonemetum (Clermont), Cæsarodunum (Tours), etc.

Auguste habite Lyon plusieurs années ; **Caligula** y crée les jeux du Rhône ; **Claude** y prononce un discours, dont on a le texte, pour déclarer que les habitants de la *Gaule chevelue* (*Gallia Comata*, ainsi nommée à cause des grandes chevelures qu'on y portait) peuvent entrer dans le sénat romain. — Le druidisme est proscrit. — **Antonin le Pieux**, originaire de Nîmes.

</td></tr>
</table>

Écoles, monuments, civilisation.

Des écoles d'éloquence se fondent à Lyon, Autun, Arles, Vienne, Bordeaux, Trèves. On adopte les coutumes et la langue latine.

Écrivains célèbres nés en Gaule : *Valérius Cato, Trogue Pompée, Cornelius Gallus, Domitius Afer, Pétrone, Marcus Aper, Favorinus, Sidoine-Apollinaire.*

Monuments romains : les Arènes, la Maison-Carrée, le temple de la Fortune, à *Nîmes*; le pont du *Gard*; des arcs de triomphe et des temples à *Orange, Arles, Lyon*; la Porte de Mars à *Reims*; les Thermes de Julien à *Lutèce* (Paris), etc. La *Vénus* d'Arles, le *Jupiter* d'Aix.

Civilisation : des routes, des ponts, des ports, sont créés partout. — On plante des vignes, on fait en Gaule un grand *commerce* de porcs, de vins, de bois, d'armes, de vêtements, de manteaux de laine, etc.

Le Christianisme.

L'Épiscopat.

Le Christianisme commence à Lyon avec saint Pothin (161-177) ; saint Irénée et la martyre Blandine. — Ensuite saint Symphorien à *Autun*, saint Crépin et saint Crépinien à *Soissons*, saint Clair à *Nantes*, saint Trophime à *Arles*, saint Saturnin à *Toulouse*, saint Hilaire à *Poitiers*, saint Martin à *Tours* (317-400). Le christianisme s'établit ainsi en Gaule du milieu du second siècle à la fin du quatrième. D'abord persécuté, puis toléré et frappé tour à tour, il devient **religion de l'État**, sous Constantin, en 313, par *l'édit de Milan.*

Les chrétiens forment des assemblées ou ÉGLISES (ἐκκλησία), d'abord secrètes. Chaque Église a pour chef un **évêque** (ἐπίσκοπος, président ou surveillant) élu par tous ses membres, et assisté de *prêtres* (πρεσβύτεροι, vieillards), et de diacres et diaconesses (serviteurs et servantes). — *Métropolitain* ou archevêque à la tête de chaque province.

Le rôle des évêques grandit, à mesure que l'empire romain s'affaiblit. — A partir de Valentinien, chaque évêque est, sous le nom de *Defensor civitatis*, le premier magistrat de la cité. — **Saint Martin de Tours** fonde, à Ligugé, le *premier monastère gaulois*, en 368.

Décadence de l'empire romain.

Causes.

C'est une société *qui consomme sans produire*, ou du moins plus qu'elle ne produit.

Rome a détruit les *nationalités* vaincues, sans pouvoir les fondre dans une nationalité plus vaste. — Elle a substitué au *travail* des hommes libres celui des esclaves; à la petite *propriété*, la grande ; aux terres *labourées*, des prés et des bois. — Elle a désarmé ses sujets, qui ne peuvent plus se défendre contre les invasions des Barbares; — ses *légions* ne sont pas assez nombreuses pour protéger les frontières au dehors; à l'intérieur, elles troublent l'ordre et la paix par leurs révoltes continuelles. — Les habitants abandonnent *les campagnes*, pour s'entasser dans *les villes.*

De là, **misère générale**; la population diminue, les impôts augmentent.

Révoltes en Gaule.

Révoltes du Trévire *Florus* et de l'Éduen *Sacrovir* (21 après J. C.), du Batave *Civilis*, de *Sabinus*, un instant empereur des Gaules (69-70). — Civilis se soumet à Vespasien. — Sabinus et sa femme *Éponine* sont pris et mis à mort.

Les Césars gaulois.

La Gaule heureuse sous les Antonins. — Après eux, elle est attaquée par les barbares, et, à l'époque d'anarchie universelle dite des *Trente tyrans*, essaye de former un empire indépendant sous **les Césars gaulois** *Postumus* (260-269), *Lollianus*, et ensuite, sous les protégés de la célèbre *Victoria la Grande*, la *mère des camps*, qui fait nommer son fils *Victorinus* et son petit-fils *Victorin*, puis le forgeron *Marius*, tous assassinés, et enfin *Tetricus*, qui est vaincu par **Aurélien** et se soumet à lui (273).

Les Bagaudes.

Au troisième siècle, *la misère générale* amène le soulèvement des paysans, des colons gaulois et des esclaves, sous le nom de **Bagaudes** (*Bagad*, attroupement). Ils pillent Autun (269), et, en 285, sous *Dioclétien*, s'établissent dans la presqu'île formée par la Marne avant son confluent avec la Seine ; ils en font une île, en creusant un canal (*fossa*, d'où le nom de Saint-Maur-les-Fossés). — *Maximin* les écrase.

Les Francs.

———

Julien en Gaule.

Sous les successeurs de **Constantin**, la Gaule est à chaque instant envahie et pillée par les *Alamans* et les **Francs**.

Julien, cousin de Constance, délivre un instant le pays, par la victoire de *Strasbourg*, en 359, il refoule les Barbares au delà du Rhin. — En 361, il est proclamé empereur à **Lutèce** (Paris), son séjour de prédilection, dont il a laissé la première description connue, dans son ouvrage intitulé le *Misopogon*.

En 395, lors de la division définitive du monde romain en deux empires, à la mort de *Théodose*, la Gaule fait partie de l'empire d'Occident, sous *Honorius*.

LES BARBARES AU IVe SIÈCLE.

Barbares de l'Est.

Les Perses, qui, sous la dynastie des *Sassanides*, menacent l'empire d'Orient. — **Les Arabes**, qui ne forment encore que des tribus isolées. — **Les Arméniens**, tiraillés entre le protectorat des Perses et celui des Romains.

Barbares du Nord.

———

Les Germains.

Les Germains ou Teutons, entre le Rhin, le Danube, l'Oder, la mer du Nord et la mer Baltique, comprenant :

1° **Les Francs**, formés des Chérusques, des Bataves, des Bructères, des Sicambres, des Chamaves, des Cattes. — 2° Les *Saxons* et les *Angles*. — 3° Les *Alamans*. — 4° les *Suèves*. — 5° les *Marcomans* et *Quades*. — 6° les *Longobards*, *Vandales* et *Burgondes*.

Les Germains adorent *Hertha*, la Terre, mère de *Teutsch*, ancêtre de leur race ; les astres, les éléments, etc. — *Ils n'ont pas de villes*, vivent dans les champs et les forêts, de la chasse, de la pêche, de la guerre, et abandonnent le travail aux *lites*, mieux traités que les esclaves romains. — *Ils ont des rois*, peu puissants, pris dans une même famille, d'après la noblesse, et des chefs militaires élus en raison de leur courage. — *Chaque tribu* se réunit de temps à autre en assemblée générale ou *mall*, pour décider, après libre discussion, des affaires publiques, et rendre la justice. — *Les Germains respectent les femmes*, sont fidèles aux chefs qu'ils ont choisis et à la parole donnée, mais ils sont violents, cupides et féroces. — Les *Bardes* sont en grand honneur chez eux.

Les Slaves. Les **Slaves** ou *Sarmates* ont d'abord des destinées moins brillantes que les autres races barbares, et sont, en quelque sorte. étouffés par elles.

Les Goths. Les **Goths**, adorateurs d'*Odin*, venus de la partie méridionale de la presqu'île Scandinave, ont conquis le continent depuis la Baltique jusqu'à la mer Noire. — Ils forment un grand royaume à moitié civilisé, et comprenant : 1° les *Ostrogoths* ou Goths de l'Est, à l'orient du Borysthène (Dniéper); 2° les *Wisigoths* ou Goths de l'Ouest, à l'occident du même fleuve; 3° les *Gépides*, au nord des Carpathes.

Les Huns. Les **Huns** appartiennent à la famille *scythique* ou *tartaro-finnoise*. Ils s'étendent en Europe et en Asie des deux côtés de l'Oural et du Volga. — Ce sont des *cavaliers* nomades, laids, hardis, féroces, qui vivent de brigandages, élèvent des troupeaux et sont le plus éloignés de toute civilisation.

INVASIONS DES BARBARES.

Invasion des Goths.
—
Alaric.

Les **Wisigoths**, *chassés par les Huns*, demandent asile à l'empereur d'Orient *Valens* au sud du Danube (376). D'abord accueillis, puis maltraités, ils se soulèvent. Valens est vaincu et tué à la bataille d'Andrinople (378). — Après dix ans de lutte, *Théodose*, victorieux, confine les Wisigoths dans l'Illyrie.

Après la mort de Théodose (395), *les Wisigoths*, sous leur chef **Alaric**, *envahissent l'empire d'Orient* et saccagent la Macédoine et la Grèce. *Stilicon*, général de l'empereur d'Occident *Honorius*, les arrête sur le mont Pholoë.

Alaric, proclamé *roi des Wisigoths*, **envahit l'Italie** (401-402). *Stilicon* le repousse devant Asti, à Pollentia et à Vérone. Mais Stilicon ayant été assassiné par Honorius, **Alaric** revient en Italie, bloque Honorius dans Ravenne, oblige **Rome** à payer rançon, nomme Attale empereur, puis le dépose, *prend Rome et la dévaste* (410), enfin meurt à Cosenza (412); et ses soldats détournent le cours d'un fleuve sur le terrain où ils l'ont enseveli.

Invasions des Huns.
—
Attila.

Les **Huns** appelés par les *Roxolans* *envahissent l'empire des Goths* (372). Les *Ostrogoths* sont vaincus, se soumettent ou se réfugient dans les montagnes de la Dacie. Les **Huns** conquièrent et soumettent toute l'Europe depuis le Volga et la Caspienne jusqu'au Rhin et au Danube. Ils ont pour chef, en 434, **Attila**, le *Fléau de Dieu*, qui réside au bord de la Theiss.

Attila passe le Rhin, *envahit la Gaule*, et arrive jusqu'à Orléans. Les habitants de *Lutèce* sont sauvés grâce au courage de *sainte Geneviève*. — Les *Romains* d'Aétius, les *Francs* de Mérovée, les *Alains* de Sangiban, les *Burgondes* de Gondicaire, les *Wisigoths* de Théodoric, se réunissent contre les Huns, qui menacent de tout détruire. **Attila** est chassé d'Orléans, vaincu à la bataille de *Châlons-sur-Marne*, rejeté à l'est du Rhin (451).

Attila envahit l'Italie en 452. Des Vénètes fugitifs vont s'établir sur les lagunes de l'Adriatique, origine de *Venise*. — **Attila** est arrêté par une ambassade que conduit le pape **saint Léon**. Il se contente d'un tribut, retourne au bord de la Theiss, et meurt (453). — Son empire se dissout après lui. Les sujets des **Huns** se soulèvent et gagnent contre eux la bataille du *Nétad*.

Invasions des Germains.

Radagaise.

> Invasion des *Alains* et des *Suèves* en Italie sous les ordres de **Radagaise.** *Stilicon* les extermine dans les montagnes de *Fésoles* (406).
> Les *Vandales*, les *Suèves*, les *Alains*, les *Hérules*, les *Burgondes*, les *Francs*, envahissent et saccagent la Gaule (406-407).

Invasion des Anglo-Saxons.

Henghist et Horsa.

> L'île de Bretagne a été abandonnée par les Romains au début du Ve siècle. Les *Bretons*, Celtes d'origine, redeviennent indépendants sous leurs chefs nationaux ou *penteyrn*.
> Attaqué par les *Pictes* et les *Scots*, habitants de l'Écosse, le penteyrn *Wortigern* appelle à son secours les pirates *Saxons* **Henghist** et **Horsa** (449). Ceux-ci repoussent les Pictes et les Scots, mais se tournent ensuite contre les Bretons et appellent de Germanie les *Angles*.
> Les Bretons se défendent courageusement avec *Wortigern*, puis *Ambrosius*, puis *Nazaléod*, et enfin **Arthur**, roi des Silures de Caerléon, qui est vainqueur à *Badon-Hill*, et même, dit la légende, dans 12 batailles. Il disparaît dans un combat. Il n'est pas mort, dit encore la légende, il n'est qu'endormi : un jour, il sortira du tombeau avec le prophète *Myrddhyn* (Merlin l'enchanteur) et délivrera la race celtique (520).

ROYAUMES FONDÉS PAR LES BARBARES.

Royaume des Wisigoths.

Royaume des Suéves.

> **Ataulf**, beau-frère et successeur d'Alaric, fait la paix avec Honorius, dont il épouse la sœur, *Placidie*. Il se charge de rendre la Gaule et l'Espagne à l'Empire. — Il soumet l'*Aquitaine* et passe les Pyrénées.
> **Wallia** fonde, après la mort d'Ataulf, **le royaume des Wisigoths** (419). Ce royaume doit durer 292 ans. Il a d'abord pour capitale **Toulouse**, et s'étend au nord des Pyrénées jusqu'à la Loire, au sud jusqu'au Guadalquivir.
> **Clovis**, roi des Francs, vainqueur d'Alaric II à Vouillé, en 507, chassera les Wisigoths de la Gaule ; mais ils absorberont, en 584, le petit **royaume des Suèves**, compris entre le Douro et la mer, au nord-ouest de l'Espagne, avec *Braga* pour capitale.
> **Les Wisigoths** occuperont aussi l'*Andalousie*, après le départ des Vandales pour l'Afrique. Dès lors, la capitale du royaume est **Tolède**. — D'abord chrétiens, mais *ariens*, c'est-à-dire sectateurs d'Arius, qui niait la divinité de Jésus-Christ, les Goths deviennent ensuite **catholiques**. Ils seront soumis par les Arabes en 711.

Royaume des Burgondes.

> **Gondicaire** fonde, en 413, **le royaume des Burgondes**, en Gaule, dans la vallée de la Saône et du Rhône. — Les Burgondes sont *ariens*. — Leur royaume sera détruit par les Francs en 534.

Royaume des Vandales.

———

Genséric.

Les Vandales, établis dans la Bétique, lui donnent leur nom (Andalousie). Ils sont appelés en Afrique par le comte *Boniface*, ennemi d'Aétius, général de l'empereur d'Occident *Valentinien III*.

Genséric, roi des Vandales, franchit, en 429, le détroit de Gadès. De 429 à 439, il conquiert les Mauritanies Tingitane et Césarienne, la Numidie, l'Afrique, et prend *Carthage*, qui devient sa capitale. Il s'empare aussi de la Corse, de la Sardaigne et de la Sicile. **Le Royaume des Vandales** durera 95 ans, de 439 à 534.

Fin

de l'Empire d'Occident.

———

Odoacre.

Valentinien III, empereur d'Occident de 424 à 455, est assassiné par Pétrone Maxime, qu'il avait outragé. **Pétrone Maxime** prend l'empire et épouse de force *Eudoxie*, veuve de Valentinien. Celle-ci, pour se venger, appelle en Italie **Genséric**, roi des Vandales. — **Genséric prend Rome**, et la pille pendant quatorze jours (455). Maxime est massacré.

La confusion est dès lors épouvantable. — L'empire n'existe plus que de nom ; *il est le jouet des barbares.*

Les derniers empereurs sont, après Maxime : *Avitus* (455-457), qui abdique ; *Majorien* (457-461), qui est sans doute empoisonné par le Suève Ricimer ; *Libius Sévère* (461-467), *Anthemius* (467-472), renversé par Ricimer ; *Olybrius* (472) ; *Julius Nepos* (472-476), enfin *Romulus*, surnommé *Augustule*, à cause de sa jeunesse (476).

Enfin, le chef des *Hérules*, **Odoacre**, dépose Romulus Augustule, supprime l'empire d'Occident, et, sous la souveraineté nominale de l'empereur d'Orient, gouverne l'Italie avec le titre de *Patrice* (476-493).

Royaume

des Ostrogoths.

———

Théodoric.

Les Ostrogoths, après la mort d'Attila et la bataille du Nétad, sont redevenus libres.

Théodoric, élevé comme otage à Constantinople, est chargé par l'empereur d'Orient *Léon* d'enlever l'Italie à Odoacre. A la tête des Ostrogoths, il passe les Alpes (489), gagne les batailles du *Sontius* (l'Isonzo), de *Vérone*, de l'*Adige*, assiège *Ravenne*, traite avec Odoacre, puis l'assassine et reste seul maître de l'Italie.

Théodoric règne de 493 à 526 ; il prend *Ravenne* pour capitale, étend son influence jusqu'au Danube, et s'allie par des *mariages* avec tous les rois barbares. — La paix, la sécurité, le travail, renaissent en Italie. — Quoique arien, il protège tous les cultes, mais fait périr dans les tortures *Boèce*, auteur de *la Consolation de la Philosophie*.

L'Heptarchie

anglo-saxonne.

7 Royaumes sont fondés par les envahisseurs de l'île de Bretagne : 4 *par les Saxons* ; 3 *par les Angles*. — Ces 7 royaumes forment l'**Heptarchie anglo-saxonne**, qui sera réunie en un seul État par *Egbert le Grand*, roi de Wessex, en 827.

L'Écosse reste indépendante ainsi que **l'Irlande**, convertie par *saint Patrick*. — *Saint Columban.*

LES FRANCS : CONQUÊTE DE LA GAULE. LES MÉROVINGIENS, DE CLOVIS A DAGOBERT.

Les Francs en Gaule. Les **Francs** (les braves),cités pour la première fois en 241. — Établis en 344 dans la *Toxandrie*, entre l'Escaut et la Meuse. — Partagés en Francs *Saliens* (de la Sala, l'Yssel), et Francs *Ripuaires* sur la rive (ripa) du Rhin.

Dynastie mérovingienne. **Les premiers rois francs :** *Pharamond* (420-428), dont l'existence n'est pas certaine ; — *Clodion le Chevelu* (428-448) s'avance jusqu'à la Somme, mais est battu par le Romain Aétius ; — *Mérovée* (448-458) prend part à la bataille de Châlons contre Attila ; — *Childéric I*^{er} (458-481), déposé, puis rétabli, règne à Tournay, et a pour successeur son fils **Clovis**, âgé de 15 ans.

La Gaule en 481. Lorsque **Clovis** est élevé sur le pavois (bouclier), **la Gaule** comprend : **au nord,** les *Francs*, entre la Somme et le Rhin, formant cinq petits royaumes ; — **au nord-est,** les *Alamans*, entre les Vosges et le Rhin ; — **au sud-est,** de la Durance au Rhin, les *Burgondes* ; — **au sud-ouest,** de la Loire aux Pyrénées, les *Wisigoths* ; — **à l'ouest,** la confédération des *villes armoricaines* ; — **au nord-ouest,** une tribu de *Saxons* à Bayeux et à Avranches ; — **au centre,** les *Romains*, entre la Loire et la Somme, sous *Syagrius*, à Soissons.
Les Francs et les Alamans sont *païens* ; les Wisigoths et les Burgondes, *ariens* ; les Gallo-Romains, *catholiques*.

Clovis (481-511). **Clovis** attaque les Romains, et bat *Syagrius* à **Soissons** (486) ; il y transporte sa capitale.
Il épouse **Clotilde,** princesse burgonde, mais *catholique*, qui l'engage à se convertir. — Dès lors, les **évêques** soutiennent Clovis : car les Wisigoths et les Burgondes ne paraissent pas pouvoir devenir, d'ariens qu'ils sont, catholiques, tandis que, de païens, les Francs peuvent devenir catholiques (493). — *Le vase de Soissons*. — Attaqué par les Alamans, Clovis les bat à **Tolbiac** (496). — A Reims, il reçoit le **baptême** de l'évêque *saint Remy*. — Les Romains, jusqu'à la Loire, et les villes armoricaines se soumettent à lui.
Il bat le roi burgonde Gondebaud, à *Dijon*, et l'oblige à se reconnaître tributaire (500).— Il bat et tue *Alaric II*, roi des Wisigoths, à **Vouillé** (507), et conquiert l'Aquitaine, excepté la côte de la Méditerranée. — Il obtient de l'empereur d'Orient Anastase le titre de *consul*. — Il fait périr *Sigebert*, roi de Cologne, avec son fils *Cloderic, Cararic*, roi de Thérouanne, *Regnacaire*, roi de Cambrai, *Rignomer*, roi du Mans. — Clovis prend **Paris** pour capitale et y meurt en 511.

<table>
<tr>
<td>Partage
des États de Clovis.</td>
<td>Partage des États francs entre les quatre fils de Clovis : 1° Childebert, roi de Paris (511-558) ; 2° Clodomir, roi d'Orléans (511-524) ; 3° Thierry, roi de Metz ou d'Austrasie [royaume de l'Est] (511-534) ; 4° Clotaire, roi de Soissons ou de Neustrie [royaume de l'Ouest] (511-561). — Chacun des quatre a une part de l'Aquitaine.</td>
</tr>
<tr>
<td>La conquête continue.</td>
<td>Les fils de Clovis attaquent les Burgondes. Mais Clodomir est tué à Véséronce (524) ; — Clotaire et Childebert égorgent ses enfants, à l'exception de Clodoald (saint Cloud) et s'emparent de leur héritage. — Le royaume des Burgondes est détruit en 534.
Childebert bat les Wisigoths et s'avance en Espagne jusqu'à l'Èbre.
Thierry conquiert la Thuringe (530), et ensuite saccage l'Arvernie (532).
Théodebert, fils et successeur de Thierry (534-548), chasse les Ostrogoths de la Narbonnaise, envahit l'Italie, bat les Ostrogoths et les Grecs.
Sous Théodebald, fils de Théodebert (548-555), les Francs retournent en Italie.</td>
</tr>
<tr>
<td>Clotaire Ier (558-561).</td>
<td>Théodebald étant mort sans successeur, Clotaire s'empare de ses États. — Il devient aussi roi de Paris à la mort de Childebert et réunit tous les États francs (558).
Il fait périr son fils Chramne, révolté et soutenu par les Armoricains, mais il meurt lui-même à Compiègne en 561. — Sainte Radegonde.</td>
</tr>
<tr>
<td>Partage
des États de Clotaire Ier.</td>
<td>La Gaule est de nouveau partagée entre les quatre fils de Clotaire : 1° Caribert est roi de Paris (561-567); 2° Gontran est roi d'Orléans et de Bourgogne (561-593); 3° Chilpéric est roi de Soissons ou de Neustrie (561-584); Sigebert est roi de Metz ou d'Austrasie (561-575).
Caribert meurt le premier et ses États sont partagés. — Dès lors, il n'y a plus que trois royaumes : Austrasie, Neustrie, Bourgogne.</td>
</tr>
<tr>
<td>Rivalité de l'Austrasie
et de la Neustrie.</td>
<td>L'Austrasie s'étend sur les rives du Rhin jusqu'à la forêt des Ardennes, à l'ouest; — la Neustrie va de la forêt des Ardennes à l'Océan.
L'Austrasie, c'est la France germanique ; — la Neustrie, c'est la France gallo-romaine.
Il y a donc lutte de races. — Cette lutte commence avec deux femmes, Brunehaut et Frédégonde.
Sigebert, roi d'Austrasie, épouse Brunehaut, fille d'Athanagilde, roi des Wisigoths d'Espagne.
Chilpéric, roi de Neustrie, voulant contracter un mariage égal, épouse Galswinthe, sœur de Brunehaut; mais bientôt, à l'instigation d'une autre femme, Frédégonde, il fait ou laisse assassiner Galswinthe.
Brunehaut, pour venger sa sœur, excite Sigebert à attaquer Chilpéric, c'est-à-dire met aux prises l'Austrasie et la Neustrie.</td>
</tr>
</table>

<table>
<tr>
<td>Lutte de Brunehaut
et de Frédégonde.</td>
<td>

Sigebert prend Paris et assiège Chilpéric et Frédégonde dans Tournay; mais des assassins, envoyés par Frédégonde, le poignardent (575); le roi de Neustrie reprend donc l'avantage.

Brunehaut, à son tour, est captive; mais son fils, le petit *Childebert*, sauvé par des serviteurs fidèles, est emporté à Metz et devient roi d'Austrasie (575-596) sous le nom de Childebert II. — Confiée comme captive à *Mérovée*, fils de Chilpéric, Brunehaut épouse son gardien, et regagne l'Austrasie, où elle règne sous le nom de Childebert II.

Frédégonde, irritée, fait assassiner *saint Prétextat*, évêque de Rouen, qui a béni l'union de Mérovée et de Brunehaut; elle fait tuer Mérovée lui-même; enfin, elle fait assassiner, à Chelles, *son mari Chilpéric* (584).

</td>
</tr>
<tr>
<td>Traité
d'Andelot (587).

—

Triomphe et mort
de Frédégonde.</td>
<td>

Le fils de Chilpéric et de Frédégonde devient roi de Neustrie sous le nom de Clotaire II (584-628). — Gontran, qui joue entre ses neveux le rôle de médiateur, empêche pendant quelque temps le renouvellement de la guerre. Mais les *Aquitains*, dans l'espoir de recouvrer leur indépendance, appellent de Constantinople et proclament roi un prétendu fils de Clotaire Ier, nommé *Gondowald*, qui est vaincu, pris et mis à mort.

Childebert et Gontran, menacés tous les deux d'être assassinés, signent le *traité d'Andelot* (587). Celui des deux rois qui survivra à l'autre sera son héritier si le premier n'a pas d'enfant; on garantit aux *leudes* la *possession viagère* des bénéfices qui leur ont été accordés.

Gontran meurt en 593. Childebert II hérite de ses États. — Il attaque la Neustrie, mais est vaincu par Clotaire II et Frédégonde à *Trucy*, et meurt à 27 ans en 596. Ses États sont partagés entre ses deux fils : *Théodebert II* en Austrasie, *Thierry II* en Bourgogne.

Brunehaut continue à gouverner sous le nom de **ses petits-enfants** et à combattre les Neustriens, mais elle est encore vaincue à *Latofao*, entre Soissons et Laon. — **Frédégonde** meurt *triomphante* (597).

</td>
</tr>
<tr>
<td>Puissance
de Brunehaut.

—

Sa mort.

—

Rétablissement
de l'unité.</td>
<td>

Brunehaut est *plus heureuse* bientôt après. — L'armée austrasienne bat les Neustriens à *Dormeilles*, près de Fontainebleau, en 600; l'armée burgondienne les bat aussi à *Étampes* en 605. — Mais *Théodebert II*, roi d'Austrasie, abandonne sa grand'mère et fait la paix avec la Neustrie.

Brunehaut arme contre Théodebert II son second petit-fils *Thierry II*, roi de Bourgogne. — Théodebert est vaincu à *Toul*, à *Tolbiac*, pris, mis à mort; Thierry s'empare de l'Austrasie; mais il meurt lui-même (613).

Brunehaut veut proclamer roi l'aîné des quatre enfants de Thierry, afin de gouverner sous son arrière-petit-fils, comme elle a gouverné sous son mari, son fils et ses petits-fils. Mais les **leudes**, las de son administration tyrannique, et ne voulant pas obéir à un gouvernement régulier, qui renouvelle l'administration romaine, la livrent à Clotaire II.

Brunehaut est attachée à la queue d'un cheval indompté, qui la met en pièces, et Clotaire II réunit tous les États francs (613-628).

</td>
</tr>
</table>

<table>
<tr><td>Constitution
perpétuelle (615).</td><td>

Les leudes et les évêques, dans l'assemblée de Paris, imposent au roi la *constitution perpétuelle* (615), qui abaisse la royauté au profit du clergé et de l'aristocratie.

Le roi n'interviendra plus dans *la nomination des évêques* ; ils seront désignés par les conciles provinciaux et le peuple des cités ; — *les clercs ne seront plus justiciables que de leurs évêques* ; — *les impôts* ne seront plus augmentés ; — *les maires du palais* ou intendants, désignés désormais par les leudes, et non par le roi, seront ses surveillants, au lieu d'être ses serviteurs.

Malgré ces concessions, **l'Austrasie**, mécontente d'obéir à un roi **neustrien**, oblige Clotaire à lui donner pour roi son fils **Dagobert**, avec *saint Arnould*, évêque de Metz, pour conseiller, et *Pépin de Landen* pour maire du palais (622).

</td></tr>
<tr><td>Apogée de la monarchie
mérovingienne
sous Dagobert.</td><td>

L'Austrasie et la Neustrie sont réunies à la mort de Clotaire, sous le sceptre de **Dagobert** (628-638), et la monarchie mérovingienne est à son apogée. — Les Bretons, les Alamans, les Thuringiens, les Bavarois, les Saxons, les Lombards, sont ses alliés ou ses tributaires ; il est en rapports avec l'empire d'Orient.

Sa *richesse, sa magnificence, son faste*, sont célèbres. Il a pour ministres l'habile orfèvre **saint Éloi**, évêque de Noyon, et *saint Ouen*, évêque de Rouen. — Mais la puissance du roi est plus apparente que réelle : **les leudes** sont de moins en moins disposés à obéir, l'*Austrasie* et la *Neustrie* à rester **unies**.

</td></tr>
</table>

GOUVERNEMENT ET INSTITUTIONS DE L'ÉPOQUE MÉROVINGIENNE.

<table>
<tr><td>Gouvernement
des Francs
avant la conquête.</td><td>

Les Francs, avant leur établissement en Gaule, formaient de petites *tribus* dans les clairières des forêts de la rive droite du Rhin, et avaient à leur tête des **rois élus**, distingués par leur *longue chevelure*, qui commandaient à la guerre et n'avaient qu'une autorité très limitée. — Les affaires publiques étaient discutées et décidées dans une réunion de tous les hommes libres de la tribu, appelée *mall*.

</td></tr>
<tr><td>Condition
des personnes
après la conquête.</td><td>

Par suite de la conquête, il y a en Gaule une *population barbare* et une *population gallo-romaine*.

La première comprend : 1° les **leudes** ou fidèles, formant l'entourage, la clientèle du roi ; 2° les *hommes libres* ; 3° les *lites*, tributaires du fisc ou placés sous la dépendance, dans le *Mundium*, d'un homme puissant : ils ne participaient point aux assemblées nationales et étaient dans un demi-servage.

La seconde comprend : 1° les **propriétaires libres**, soumis à un impôt annuel, et placés au même rang que les lites ; 2° les *tributaires*, colons d'une condition inférieure, qui n'ont pas de bien en propre ; 3° les *esclaves*.

</td></tr>
</table>

<table>
<tr><td>Condition
des propriétés.</td><td>

Il y a deux sortes de propriétés : la *propriété romaine*, soumise aux mêmes charges qu'avant la conquête ; la *propriété barbare*, comprenant les.alleux et les bénéfices.

Les Barbares, en s'emparant de la Gaule, ont pris un tiers des esclaves et deux tiers des terres ; chacun a reçu un lot de terre nommé **alleu** ; ces alleux forment la *terre salique*, tenue en toute propriété à la seule condition de porter les armes, de fournir un service militaire personnel. — Quant aux *bénéfices*, plus tard nommés **fiefs**, ce sont des terres données par les rois, à la condition que ceux qu'ils en gratifiaient, soit pour un temps fixe, soit pour la vie, soit à perpétuité, rempliraient envers eux certaines obligations. — Il y avait aussi la **terre tributaire.**

</td></tr>
<tr><td>Tendances
des diverses classes
de la société.</td><td>

Les rois mérovingiens s'efforcent de rendre l'autorité royale tout à fait *héréditaire et absolue*, en abaissant les Barbares et en élevant les Gallo-Romains, plus habitués à obéir.

Les Barbares, de leur côté, veulent défendre leur *liberté* contre les empiétements des rois, et conserver à leur profit l'*inégalité*, en maintenant les Gallo-Romains dans une condition inférieure.

Les Gallo-Romains, à leur tour, veulent effacer *toute distinction* entre eux et les conquérants.

</td></tr>
<tr><td>Les Champs de Mars.</td><td>

Les anciens **malls**, c'est-à-dire les assemblées nationales, tombent peu à peu en désuétude. Il y a cependant toujours deux assemblées générales par an : 1° le **Champ de Mars** au printemps ; 2° l'*assemblée de l'automne*.

Mais, comme les Francs occupent désormais un immense territoire, ils ne peuvent plus, à un moment donné, venir tous ensemble au même endroit pour discuter. L'assemblée n'est donc plus composée que des Francs les plus rapprochés du lieu où elle se tient. — Elle perd, d'ailleurs, le caractère d'*assemblée délibérante*, pour se changer en simple **revue militaire.**

</td></tr>
<tr><td>L'administration.</td><td>

Au-dessous du ROI, il y a : 1° les **ducs**, chefs militaires des provinces ; 2° les *comtes*, administrateurs des cités ; 3° les *vicaires* ou *vicomtes* ; enfin, 4° les *centeniers* ou chefs de cent familles.

Ces **fonctionnaires** sont chargés de lever l'impôt, de réunir les hommes pour l'armée, de présider aux *plaids* (placita) ou *assises* pour rendre la justice.

</td></tr>
<tr><td>Entourage royal.</td><td>

Le roi a autour de lui un *sénéchal* ou **maire du palais** (major domus), intendant, qui administre d'abord la maison royale, et, plus tard, le royaume ; un *trésorier* ou *camérier*, chargé des finances ; un *comte du palais*, pour rendre la justice ; un *référendaire*, pour sceller les décrets.

</td></tr>
</table>

Les lois barbares.

Les lois barbares sont réunies, après la conquête, en codes écrits en *latin* — Il y a la *loi Gombette* ou *loi des Bourguignons*, publiée par Gondebaud à Ambérieux, en 502; la *loi des Lombards*, publiée par Rotharis, en 645; les *lois des Anglo-Saxons*, réunies par Alfred le Grand; les *lois des Alamans, des Bavarois et des Francs Ripuaires*, publiées sous Thierry Ier; enfin, la *Loi Salique* (ou loi des Francs Saliens). La plus ancienne forme, appelée *Pactus antiquior*, est devenue, sous Charlemagne, en 798, la *lex salica reformata*. Un des articles exclut les femmes du partage de la terre salique.

Justice. Épreuves judiciaires.

La justice est rendue par les **pairs**, dans des *plaids* ou *tribunaux*, que préside le *comte* ou le *centenier*, entouré d'assesseurs, pris parmi les hommes libres.

On admet les **preuves** écrites et testimoniales, mais aussi le *serment* des *cojurants* : le plaignant ou l'accusé s'entoure de parents, au nombre de douze ordinairement, qui jurent que l'accusation est vraie ou fausse. — Il y a aussi les **épreuves judiciaires** ou **jugement de Dieu**; *le combat* ordonné par le tribunal ou demandé par une des parties, le vaincu est réputé avoir tort; l'épreuve du *fer rougi au feu*, que l'accusé doit prendre sans se brûler; l'épreuve de l'*eau bouillante*; celle de l'*eau froide*, etc.

Les **peines** sont presque toujours **pécuniaires**; l'accusé est condamné à payer deux compensations : 1° l'*amende*, partagée entre le fisc et les juges; 2° le *wehrgeld* ou indemnité payée à l'offensé ou à sa famille. — Cette indemnité varie avec la condition de la victime : on paye plus pour le meurtre d'un homme libre que pour celui d'un esclave, plus pour le meurtre d'un barbare que pour le meurtre d'un Romain.

L'EMPIRE ROMAIN D'ORIENT. JUSTINIEN. SON ŒUVRE LÉGISLATIVE.

L'Empire d'Orient de 395 à 527.

L'Empire romain d'Orient, de 395 à 527, a successivement pour souverains : Arcadius (395-408), gouverné tour à tour par le Gaulois Rufin, l'ancien esclave *Eutrope*, le Goth Gaïnas, et par l'*impératrice Eudoxie*, qui fait exiler le célèbre orateur *saint Jean Chrysostome* (Bouche d'Or), patriarche de Constantinople. — Théodose II (408-450), empereur à cinq ans. Sa sœur *Pulchérie* gouverne sous son nom. Le *Code Théodosien* est rédigé par le jurisconsulte *Antiochus*. — Marcien (450-457), époux de Pulchérie et brave général, qui tient en échec Attila. — Léon de Thrace (457-475), qui dispose deux fois de l'empire d'Occident.

L'Empire d'Orient de 395 à 527. (*Suite.*)

Zénon (475-491) voit tomber l'empire d'Occident. Il renverse son compétiteur *Basiliscus*, et, en 482, publie l'*Henoticon* ou *Édit d'union* pour mettre fin à la lutte des catholiques et des eutychéens. — **Anastase** (491-518) soumet les gardes isauriennes révoltées, diminue les impôts, oppose la forteresse de Dara aux Perses et établit un mur de 18 lieues entre la Propontide et le Pont-Euxin, pour protéger Constantinople. Il soutient les eutychéens contre les orthodoxes. — **Justin de Thrace** (518-527), berger, soldat, préfet du prétoire, chargé par un autre d'acheter l'Empire aux soldats, l'achète pour lui-même.

Caractère général de cette période.

Pendant toute cette période, l'empire d'Orient est attaqué au dehors par les **Barbares**, troublé au dedans par les *révoltes des troupes*, par les luttes auxquelles donne lieu à Constantinople la rivalité *des cochers verts* et *des cochers bleus* dans le cirque, enfin, par les **querelles religieuses** (sectes des *ariens*, des *nestoriens*, des *eutychéens*, etc.)

JUSTINIEN (527-565).

Justinien, neveu et successeur de Justin, et époux de *Théodora*, restaure l'Empire avec l'aide des grands capitaines **Bélisaire** et *Narsès* ; — aidé du jurisconsulte *Tribonien*, il lui donne une législation. — Son principat est un des plus importants de l'Histoire d'Orient.

Guerres défensives.

Il soutient *des guerres défensives :* 1° **en Asie**, contre les *Perses* (de 528 à 562). Vainqueur à *Dara*, Bélisaire est vaincu à *Callinique*. La Colchide reste pourtant aux Romains ; — 2° **en Europe**, contre les *Bulgares*. Conduits par *Zaberkhan*, ces sauvages passent le Danube sur la glace, et saccagent la Thrace jusqu'aux portes de Constantinople. Bélisaire les repousse (559).

Conquête de l'Afrique.

Bélisaire débarque en Afrique, entre à Carthage, gagne la bataille de *Tricamera*, fait prisonnier le dernier roi **des Vandales** *Gélimer*, détruit son royaume et rend à l'Empire l'Afrique, la Tripolitaine, **la Numidie, la Mauritanie**, la Corse, la Sardaigne, les Baléares (523-534).

Conquête de l'Italie.

Bélisaire conquiert la Sicile, débarque en Italie, occupe Rome, bat *Théodat* et fait prisonnier *Vitigès* (535-540).

Bélisaire étant disgracié, les Ostrogoths reprennent l'offensive avec *Ildebald*, puis avec *Totila*, qui est vaincu et tué à *Lantagio* par l'eunuque *Narsès* (552). — *Teïas*, successeur de Totila et dernier roi des Ostrogoths, est aussi vaincu et tué par Narsès, au bord du *Draco*, près de Cumes.

En Espagne, *Athanagilde*, qui dispute à *Agila* le titre de roi des Wisigoths, cède à Justinien, pour avoir son appui, la côte de la Bétique, sur la Méditerranée.

La législation avant Justinien.

Les sources du droit Romain sont : *les lois royales, la Loi des Douze Tables, les sénatus-consultes, les plébiscites, les édits des préteurs, les constitutions impériales,* enfin *les coutumes.*

Au milieu du IVe siècle ont été publiés : le *Code Grégorien*, renfermant les constitutions des empereurs, d'Adrien à Constantin ; le *Code Hermogénien*, renfermant les constitutions de Dioclétien et de Maximien ; — Théodose II publie le *Code Théodosien* en 428.

Justinien législateur.

Justinien nomme en 528 une commission de 10 jurisconsultes, parmi lesquels **Tribonien**, sous la direction de *Jean*, questeur du palais. — Elle publie, en 529, *le Code*, que nous n'avons pas sous sa forme primitive (*Codex vetus*), mais sous sa forme de 534 (*Repetita Prælectio*).

Tribonien et 16 autres jurisconsultes fondent en un seul ouvrage les écrits de 39 jurisconsultes (530-533), et réduisent la substance de 2 000 traités en 50 livres. — Cet ouvrage se nomme *les Pandectes* (*Pandectæ*, πᾶν δέχομαι, *je contiens tout*) ou encore *le Digeste*.

Tribonien, *Dorothée* et *Théophile* rédigent pour l'enseignement un précis de Droit en quatre livres, nommés *les Institutes* (533). — Les Constitutions publiées par Justinien, soit en grec, soit en latin, sont réunies sous le nom de *Novelles* (*Novellæ Constitutiones*). On appelle *authentique* la traduction de toutes les Novelles.

Fortifications des frontières.

Monuments.

Justinien fortifie les *frontières*, sur le Danube, l'Euxin, l'Euphrate ; protège par des murs le défilé des Thermopyles, l'isthme de Corinthe, la Chersonnèse de Thrace ; — construit à Constantinople la *Basilique de Sainte-Sophie*, et embellit la plupart des villes de l'empire.

Fragilité de l'œuvre de Justinien.

L'œuvre de Justinien est fragile. — Ses guerres, ses constructions, les dépenses de *l'impératrice Théodora*, épuisent le trésor. — Impôts augmentés, monopoles, misère du peuple. — Persécutions religieuses. — La parole est enlevée aux philosophes par la fermeture de l'*école d'Athènes*.

Les successeurs de Justinien.

Justin II, neveu de Justinien (565-578), perd l'Italie, conquise par les Lombards, est attaqué par les Perses, et abdique.

Tibère II (578-582), brave capitaine, bat les Perses à *Mélitène*, en Arménie, et à *Constantine*, en Mésopotamie ; mais est obligé de payer tribut à *Baïan*, roi des Avars.

Maurice, gendre de Tibère (582-602), victorieux des Perses et des Avars, est assassiné par ses soldats, qui proclament le centurion *Phocas*.

Phocas (602-610) est un cruel tyran. — *Héraclius*, fils du gouverneur de Carthage, est appelé à Constantinople ; Phocas est mis à mort.

Héraclius (610-641), aux prises avec les Avars et les Perses, perd Jérusalem, Antioche, est assiégé dans Constantinople. — Mais ensuite il gagne les batailles d'*Issus* (622) et de *Ninive* (627) sur les Perses, et triomphe des Avars. — Il sera moins heureux contre les *Arabes*.

Royaume des Lombards (568-774).

Les Lombards (hommes aux *longues barbes*), venus des bords de l'Elbe sur le Danube, avec *Alboin* pour chef, exterminent les Gépides (566) et envahissent l'Italie (568). — Ils sont appelés par l'exarque *Narsès*, irrité d'avoir été disgracié par Justin II, à l'instigation de l'impératrice Sophie.

Alboin s'empare de l'Italie, prend Pavie, en fait sa capitale, mais il est assassiné par sa femme *Rosamonde* (573).

Autharis (585-591), *Agilulfe* (591-615), *Rotharis* (636-652), *Luitprand* (712-744), *Astolphe* (749-756), achèvent la conquête de l'Italie. — Le royaume Lombard sera détruit par les Francs (774).

MAHOMET. L'ISLAMISME ET LE KHALIFAT. ÉCLAT DE LA CIVILISATION ARABE.

Arabie avant Mahomet.

État géographique. Bornes : *au nord*, la Syrie et l'Euphrate ; — *à l'est*, le golfe Persique ; — *au sud*, la mer d'Oman, le golfe d'Aden, le détroit de Bab-el-Mandeb ; — *à l'ouest*, la mer Rouge. — Pays en grande partie *désert.* — Oasis. — Le cheval arabe et le chameau.

État social : vie nomade sous la tente ; chaque famille a son *scheik* (seigneur), et chaque tribu son *émir* (commandant). — Le désert a préservé les Arabes des invasions, mais les a tenus longtemps *isolés* et impuissants.

Religion : les Arabes prétendent descendre d'**Ismaël**, fils d'*Abraham* et d'*Agar*. Ils sont d'abord *païens*, adorent le soleil, le feu, les astres, etc. Mais le *monothéisme* et *l'unité* sont préparés : 1° par l'existence d'un temple unique, **la Câaba** de la Mecque ; 2° par la communauté d'origine ; 3° par la tradition du *Messie*, apportée par les Juifs, et par les rapports avec les *chrétiens* d'Abyssinie. — **La poésie** chez les Arabes : *assemblée d'Ocâzh.*

Mahomet.

Mahomet (Mohammed-ben-Abdallah), de la tribu des *Coréischites*, né à la Mecque, en 570, orphelin dès le berceau. — Entre au service de *Khadidjah*, riche veuve, qu'il épouse. — Reçoit, en 611, la visite de l'archange *Gabriel*, et se déclare **prophète**. — Gagne à sa croyance *Ali*, *Zéid*, *Omar*.

Mahomet, persécuté par les Coréischites, s'enfuit à Yatreb, qui devient *Medinet-al-Nabi* (*la ville du prophète*, en abrégé, *Médine*). — De cette fuite date l'Hégire ou *ère musulmane*, dont l'an I correspond à l'an 622 de l'ère chrétienne. — Vainqueur des Coréischites à Beder, mais vaincu au mont Ohud, **Mahomet** a l'avantage dans la *guerre du Fossé*. Il visite la Mecque en 629, établit sa religion dans toute l'Arabie, et meurt en 632.

Religion musulmane.

L'Islam ou *parole divine.* — **Le Coran** ou *livre sacré*, code politique, civil et religieux des Arabes.

Dogmes : *Un seul Dieu* (Allah) ; *Mahomet est son prophète.* — Immortalité de l'âme ; paradis et enfer.

Préceptes : prière, jeûne *du Rhamadan*, pèlerinage de *la Mecque*, ablutions, aumône. — Égalité, fraternité.

Fatalisme, *ce qui est écrit est écrit.* — Circoncision. — Polygamie. — Douceur envers la femme. — Esprit de propagande : *la guerre sainte.*

Khalifat électif.

Mahomet a pour successeurs les **Khalifes** ou *vicaires*. — D'abord le **Khalifat** électif à **Médine**, avec *Abou-Bekre* (632-634), *Omar* (634-644), *Othman* (644-655), *Ali* (655-660). — Ali, gendre de Mahomet, dont il a épousé la fille Fatime, est assassiné.

Dès lors deux sectes : les *Sonnites*, partisans de la *Sonna* ou tradition (Turcs, Arabes), qui reconnaissent comme légitimes les quatre premiers Khalifes ; — les *Schiites* (Persans, Indiens), qui ne reconnaissent qu'Ali et sa famille.

Khalifats Ommiades de Damas et de Cordoue.

Khalifat Abbasside de Bagdad.

En 660, commence la dynastie des **Ommiades**, khalifes héréditaires de Damas, jusqu'en 750. Le premier est *Moawyah*, le dernier, *Merwan II*.

Ils sont renversés par **les Abassides** (750-1258), qui prennent Bagdad pour capitale, en 762. Les plus célèbres sont *Aboul-Abbas* (750-754), *Almanzor* (754-775), *Haroun-al-Raschid* (786-809), *Almamoun* (813-833).

Mais *l'Occident* se détache de l'empire pour former un khalifat particulier, **le khalifat ommiade de Cordoue** (756-1031) : *prospérité de l'Espagne*.

Conquêtes des Arabes.

Conquête de la Syrie par *Khaled*. Prise de Bosra. Bataille d'*Aïznadin* (633) ; prise de Damas ; bataille de l'*Yermouk* (636) ; prise de *Jérusalem* (638).

Conquête de la Perse par *Saïd*. Bataille de *Kadesiah* (636), de *Djalulah* et de *Nehavend* (642). Les Arabes fondent Bassorah et Koufah.

Conquête de l'Égypte par *Amrou*. Prise de Memphis et d'Alexandrie (640).

Conquête de l'Afrique occidentale jusqu'à l'Atlantique par *Hassan*. Prise de *Carthage* (698).

Conquête de l'Espagne par *Tarik* et *Mousa* (710-714). — Le détroit de Gadès devient détroit de *Gibraltar* (*Djebel-Tarik, montagne de Tarik*). — Bataille de *Xérez* ou du *Guad-al-lété* (711) : *Rodrigue*, dernier roi des Wisigoths, est vaincu et tué ; *Pélage* et quelques chrétiens se réfugient dans les grottes de *Cavadonga* en Galice.

Invasion de la Gaule par *Mousa-el-Haur* et *Abd-el-Rahman*. Prise de Narbonne et conquête de la Septimanie (719). — *Bataille de Poitiers*, gagnée par les Francs et *Charles Martel*, qui sauve l'Europe de l'invasion musulmane (732).

En Orient, *Kotaïbah* prend *Samarcande* (707), conquiert dans l'Inde *Lahore* et *Moultan*. Mais deux fois les Arabes échouent devant *Constantinople*, de 672 à 679, et en 717.

Éclat de la civilisation arabe.

Écoles de Bagdad, Damas, Samarcande, le Caire, Cordoue. — Progrès de la médecine, de la philosophie, des sciences exactes, de l'astronomie, de l'algèbre. — *Les chiffres arabes*.

Les astronomes *Al-Kendi* (860), *Al-Bategni* (928), *Aboul-Wefa* (937-998).

Les géographes *Masoudi* (Xe siècle), *Edrisi* (XIIe siècle), *Aboul-Féda* (1271-1331).

Le physicien *Al-Hasen* ; — **les chimistes** *Djeber* et *Rhazès* (Xe siècle) ; — les médecins *Avicenne* (980-1037), et *Averroès* (mort en 1198).

Les historiens *Masoudi* (Xe siècle), *Bohaeddin* (XIIe siècle), *Aboul-Farage* (1226-1286), *Ibn-Khaldoun* (1332-1406), *Makrizi* (né en 1364). — *Les Mille et une Nuits*.

Monuments : *alcazar* de Séville ; *mosquées* de Cordoue et de Kaïrouan ; *Alhambra* de Grenade, etc. — *Arabesques*.

Industrie : *armes* de Tolède et de Damas ; *cuirs* de Cordoue ; *soies* de Séville et de Grenade.

Agriculture : dattier, coton, canne à sucre, riz, safran, introduits en Espagne.

<table>
<tr><td>

Décadence des Arabes.

</td><td>

Empire arabe trop grand, miné par les guerres étrangères. — Foi religieuse et esprit militaire affaiblis. — Insubordination des *émirs*. — **La garde turque** créée par *Motassem* dispose du khalifat (847-945). — Démembrement.

Dynastie des Edrissites dans la Mauritanie, avec *Edris-ben-Edris* (Edris, fils d'Edris), en 788; dynastie **des Aglabites** avec *Ibrahim-ben-Aglab*, à Kaïrouan, de 796 à 908; dynastie **des Tahérites** (814-873), dans le Khorassan, puis **des Soffarides** (873-902), puis **des Samanides** (902-999). — **Les Bouïdes** asservissent les *khalifes de Bagdad* (945-1055), et, après eux, les **Turcs Seldjoucides** (1055-1258) les réduisent à un rôle purement religieux, jusqu'à ce que **les Tartares Mongols**, sous un petit-fils de *Genghis-Khan*, détruisent le khalifat.

En 968, *Moezz-Ledinillah* a fondé **le khalifat fatimite du Caire**, qui durera jusqu'en 1174. En 980, *Sébectégin* fonde en Orient la dynastie **des Ghaznévides** : *le sultan Mahmoud* son fils (997-1028).

</td></tr>
</table>

PÉPIN D'HÉRISTAL. CHARLES MARTEL. PÉPIN LE BREF.

<table>
<tr><td>

Les rois fainéants.

</td><td>

Après **Dagobert**, *les derniers Mérovingiens*, **les rois fainéants**, sont dépouillés de toute autorité par **les maires du palais** ; ils restent enfermés dans des villes, d'où ils ne sortent que pour paraître au *Champ de mars* sur un char attelé de bœufs. Ils meurent jeunes.

</td></tr>
<tr><td>

Origine des Carolingiens.

</td><td>

Pépin de Landen, maire du palais d'Austrasie sous Dagobert, a un fils, *Grimoald*, et une fille, *sainte Begga*. — *Anségis*, fils de *saint Arnoul*, évêque de Metz, épouse sainte Begga. De ce mariage naît **Pépin d'Héristal**.

</td></tr>
<tr><td>

Tentative de Grimoald.

</td><td>

Les deux fils de Dagobert règnent : **Sigebert II** en Austrasie, et **Clovis II** en Neustrie et Bourgogne (638-656). Sigebert II meurt le premier. — **Grimoald** relègue le fils du roi dans un monastère d'Irlande, et veut faire roi d'Austrasie son propre fils ; mais ils sont mis à mort tous les deux, et **Clovis II** réunit les États francs (656).

Clovis laisse en mourant trois fils : *Clotaire*, *Childéric* et *Thierry*. L'aîné devient roi, sous le nom de **Clotaire III** (656-670) et sous la tutelle de sa mère, *Bathilde*. — En 658, l'Austrasie veut encore avoir son roi particulier et se fait donner **Childéric II**.

</td></tr>
<tr><td>

Ébroïn et saint Léger.

</td><td>

Ébroïn, maire du palais de Neustrie sous *Clotaire III*, à partir de 659, veut contenir l'Austrasie et abaisser les leudes. Il a pour adversaire, en Bourgogne, **saint Léger**, évêque d'Autun.

</td></tr>
</table>

Ébroïn et Saint Léger. (Suite.)

A la mort de *Clotaire III*, **Ébroïn**, de son autorité privée, le remplace par *Thierry III*, dernier fils de Clovis II (670). — Les grands et **saint Léger** se soulèvent et appellent **Childéric II**, qui *réunit tous les États francs* (670-673), et enferme Thierry au monastère de Saint-Denis et **Ébroïn** au monastère de Luxeuil. Puis, voulant régner à son gré, et non au gré de *saint Léger* et des grands, **Childéric** enferme *saint Léger* lui-même à Luxeuil ; mais il est assassiné dans la forêt de Livry par *Bodolen*, qu'il a fait battre de verges. **Ébroïn** et **saint Léger** sortent réconciliés de Luxeuil pour se brouiller aussitôt. *Saint Léger* proclame *Thierry III*, sorti de Saint-Denis ; **Ébroïn** proclame un certain *Clovis III*, prétendu fils de Clotaire III. — Victorieux à Autun, **Ébroïn** prend *saint Léger*, lui crève les yeux, et le fait mourir (678) ; puis il abandonne Clovis III, et rend le titre de roi à **Thierry III** (673-691).

Ébroïn et Pépin d'Héristal.

L'**Austrasie**, sous **Pépin d'Héristal**, *duc des Francs*, s'isole et ne veut pas de *Thierry* pour roi, ni d'**Ébroïn** pour maire du palais. — **Ébroïn** bat Pépin d'Héristal à *Latofao* (679). Mais il est lui-même assassiné par *Hermanfred* (679). Enfin, **les Neustriens** sont taillés en pièces à la fameuse **bataille de Testry** (687). — C'est la **victoire définitive de l'Austrasie** sur la Neustrie, *des maires du palais sur les rois*, *des Carolingiens sur les Mérovingiens*. **Pépin d'Héristal** laisse à *Thierry III* le titre de roi, mais est *duc et prince des Francs*, tout-puissant pendant vingt-sept ans (687-714), sous **Clovis III** (691-695), **Childebert III** (695-711), **Dagobert III** (711-715). — Il bat les Alamans, les Frisons, soumet les Bavarois au tribut, seconde les missionnaires en Germanie.

Charles Martel.

Bataille de Poitiers.

Pépin d'Héristal, en mourant, laisse pour *maire du palais* son petit-fils **Théodoald**, sous la tutelle de sa veuve, *Plectrude*. — Les Neustriens et les Aquitains se soulèvent et battent les Austrasiens dans la forêt de *Çuise* (Compiègne). — Abandonnant alors Théodoald et Plectrude, les Austrasiens prennent pour chef **Charles**, fils de Pépin d'Héristal et d'Alpaïde, que *Plectrude* retenait captif. CHARLES MARTEL (ou *le Marteau*) (714-741) nomme roi **Chilpéric II** (716-720), bat les Neustriens près de l'*Amblève* en 716, et à *Vincy*, près de Cambrai, en 717. — Il bat les Neustriens et les Aquitains à *Soissons* (719) et reste **seul maître**. — A la mort de Chilpéric II, il nomme roi **Thierry IV** (720-737). **Charles Martel** lutte sans cesse contre les Alamans, les Bavarois, les Thuringiens, les Frisons, les Saxons. — Appelé au secours d'*Eudes*, duc d'Aquitaine, contre les *Arabes* ou Sarrasins, il remporte la mémorable victoire de **Poitiers**, qui sauve la chrétienté de l'invasion mulsumane (732). Après la mort de Thierry IV, **Charles Martel** gouverne sans roi. Il fait alliance avec **le pape**, qui désire son secours contre les Lombards.

<table>
<tr><td>

**Fin
de la dynastie
mérovingienne.**

</td><td>

Pépin et Carloman, les deux fils de Charles Martel, lui succèdent en 741. Ils nomment roi **Childéric III** (743). Ils luttent contre les Bavarois, les Alamans, les Aquitains. *Hunald*, duc d'Aquitaine, vaincu par les Francs, se retire dans un monastère de l'île de Ré, et laisse ses États à son fils *Waïfre*, qui se reconnaît tributaire. — **Carloman** se fait aussi moine au mont Cassin.

Pépin s'appuie de plus en plus sur le clergé, sur *saint Boniface* (Winfried), archevêque de Mayence, qui dirige les conciles de Leptines et de Soissons. — Puis, avec l'autorisation du pape *Zacharie*, **Childéric III** est déposé, tonsuré, enfermé au monastère de Saint-Bertin à Saint-Omer. **Pépin le Bref est proclamé roi** par *les leudes* à Soissons (752).

</td></tr>
<tr><td>

**Dynastie
carolingienne.**

———

**Pépin le Bref
(752-768).**

</td><td>

La dynastie carolingienne dure de 752 à 987, **Pépin le Bref** en est le premier roi. Il est sacré une première fois à Soissons avec sa femme *Bertrade* par *saint Boniface*, une seconde fois à Saint-Denis par le pape *Étienne II*.

Appelé en Italie par le pape, **Pépin** bat deux fois *Astolphe*, roi des Lombards, lui enlève la Pentapole et l'exarchat de Ravenne, et les donne au Saint-Siège : origine de la **puissance temporelle de la papauté** (754-755).

Pépin enlève Narbonne et la Septimanie aux *Arabes* (752-759). — Il triomphe de *Waïfre* après sept ans de lutte, et soumet l'Aquitaine (760-767). — A partir de 755, il transporte les assemblées nationales du mois de mars au mois de *mai*.

</td></tr>
</table>

CHARLEMAGNE.

<table>
<tr><td>

Ses guerres.

</td><td>

Charlemagne (*Charles-le-Grand*) (768-814) règne d'abord avec son frère *Carloman* (768-771), puis seul (771-814).

Guerre contre les Aquitains. — *Hunald*, sorti de son monastère de l'île de Ré à la mort de son fils Waïfre, reprend les armes, est vaincu et pris (771).

Guerre contre les Lombards. — Charlemagne soutient le pape *Adrien* contre *Didier*, roi des Lombards ; il est nommé *patrice*, prend Didier dans Pavie, le détrône et conquiert la moitié de l'Italie (773-774).

Guerre contre les Saxons (772-804). — 33 ans de lutte, 18 expéditions. — Les Saxons païens brûlent l'église de Deventer ; les Francs détruisent l'idole d'Irminsul. — **Wittikind.** — Victoire de *Buckholz* (779). — Fondation de *huit évéchés*. — Défaite du *Sonnethal* (782) ; mais 4 500 Saxons décapités à Verden. — Soumission et baptême de *Wittikind* (785).

Guerre contre les Bavarois. — *Tassillon*, détrôné, est enfermé dans le monastère de Jumièges (788).

Guerre contre les Slaves Wiltzes (789), soumis au tribut. — **Contre les Danois** (810).

Guerre contre les Avars dans la vallée du Danube et de la Theiss. Prise de leur *Ring* ou camp retranché (788-796).

Guerre contre les Arabes d'Espagne (778-812). — Conquête du pays jusqu'à l'Èbre. Défaite de Roncevaux : *mort de Roland* (778).

</td></tr>
</table>

Leurs résultats.

Tous les peuples germaniques *sont fondus en* **un seul empire** ; la Germanie, jusque là barbare et païenne, devient latine et chrétienne ; *la frontière du monde civilisé* est reportée du Rhin et du Danube sur l'Elbe, l'Oder et la mer Baltique. — Apparition des *Northmans*.

Rétablissement de l'Empire.

Le jour de Noël de l'an 800, à Rome, dans la basilique de Saint-Pierre et Saint-Paul, le pape **Léon III** proclame *Charles Auguste, grand et pacifique* **empereur des Romains.** — Dès lors, *Rome* cesse de dépendre de *Constantinople*, l'Occident de l'Orient. **L'Empire Romain d'Occident,** détruit en 476, est rétabli.

Charlemagne a pour capitale **Aix-la-Chapelle.** Il reçoit des ambassades et des présents d'*Irène*, impératrice d'Orient, d'*Haroun-al-Raschid*, khalife de Bagdad, etc. Il meurt à Aix-la-Chapelle en 814.

Étendue et division.

L'Empire de Charlemagne a pour bornes : *au nord*, la mer du Nord, l'Eider, la mer Baltique ; *à l'ouest*, l'Atlantique ; *au sud*, l'Èbre, la Méditerranée, le Garigliano, la Narenta ; *à l'est*, la Bosna, la Save jusqu'à son confluent avec le Danube, la Theiss, une ligne allant de la Theiss à l'Elbe, et l'Elbe.

Division : trois royaumes : 1° **Royaume des Francs** *proprement dit*, gouverné directement par Charlemagne avec son fils aîné *Charles* : Neustrie, Bourgogne, Austrasie, Saxe, Frise, Thuringe, Bavière, Alamanie ; — 2° **Royaume d'Italie**, gouverné par *Pépin*, second fils : Lombardie, marche Trévisane, duché de Frioul, États de l'Église ; — 3° **Royaume d'Aquitaine**, gouverné par *Louis*, troisième fils : Aquitaine, Septimanie, Gascogne, marche d'Espagne. — Il y a encore les **tributaires**, Bretons, Basques, Bénévent, Slaves.

Gouvernement et administration.

Trois Royaumes subdivisés en *comtés*. — **Comtes,** *vicaires, centeniers, dizainiers.* — *Bénéficiers* relevant directement de l'empereur. — **Missi dominici** ou envoyés royaux, inspecteurs généraux de l'administration. — *Unité* de législation ; *unité* des monnaies, des poids et des mesures.

Tout homme libre, propriétaire de quatre *manses* (12 jugera, environ quatre hectares) doit le **service militaire** personnel et gratuit.

Autour de l'empereur, il y a les **grands officiers du palais** : *apocrisiaire*, pour les affaires ecclésiastiques ; *comte du palais*, pour les affaires civiles ; *chanceliers, secrétaires, notaires, sénéchal, comte de l'écurie, etc.*

Les Assemblées générales.

Les Assemblées générales, réunies au printemps (*Champs de mai*), et en automne, ont changé de caractère. — Ce sont plutôt des **revues militaires** que des *assemblées délibérantes.* Elles ne discutent ni ne votent ; seuls, les grands, les ducs, les comtes, les évêques, les abbés, ont *voix consultative* ; les autres ne sont que simples spectateurs.

A l'Assemblée du printemps, on règle les affaires générales de tout le royaume. — *A l'Assemblée de l'automne,* on prépare les affaires pour l'année suivante. — Dans les deux sortes d'assemblées, l'empereur faisait une **enquête** sur l'état de l'empire. — Outre les assemblées générales, il y avait une fois par mois dans chaque *comté* des **Assises,** où l'on rendait la justice, avec l'assistance des *échevins* (scabini), juges royaux.

Les Capitulaires.

Les Capitulaires sont les lois soumises *en projet* à l'examen et à la délibération des grands, dans les assemblées générales, et définitivement *proclamées* par l'empereur, après avoir reçu leur *avis motivé.* — Sous Charlemagne, 65 capitulaires, divisés en 1 151 articles.

Affaires ecclésiastiques.

Charlemagne allié des papes et protecteur de l'Église. — 24 *archevêchés.* — Nombreuses *abbayes* fondées. — Institution des *chanoines.* — Réforme des *monastères.* — Création de la *dîme.* — Extension de la juridiction ecclésiastique. — **Rôle important des évêques,** consultés en toute occasion.

Réveil littéraire.

Premier réveil littéraire ; *nombreuses écoles :* Corbie, Fontenelle, Ferrières, Saint-Denis, Saint-Benoît-sur-Loire, Fulde, Saint-Gall, Reichenau, Saint-Wandrille, Mont-Cassin. — *L'École palatine.* — Les savants : **Alcuin** (né à York vers 735, mort abbé de Saint-Martin-de-Tours en 804), ami et conseiller de Charlemagne ; *Éginhard* (mort abbé de Seligenstadt en 836), historien de l'empereur ; *Pierre de Pise, Angilbert, Paul Warnefried, Théodulfe, Leidrade, Clément.* — Correction des **manuscrits** : *bibliothèques.*

LOUIS LE PIEUX.

Sa faiblesse.

L'empire de Charlemagne ne peut durer : *il est trop vaste.* — Les nationalités différentes tendent à se séparer et à s'affranchir.

Louis le Débonnaire ou *le Pieux,* seul fils survivant de Charlemagne, est empereur (814-840). — *Sa faiblesse.*

Premier partage de l'Empire entre ses trois fils, *Lothaire,* qui est associé à l'empire, *Pépin,* qui a l'Aquitaine, et *Louis,* la Bavière (817). — *Bernard,* neveu de Louis le Débonnaire, veut se rendre indépendant comme roi d'Italie ; il échoue, a les yeux crevés et meurt (818).

Pénitence publique de Louis le Débonnaire à Attigny-sur-Aisne (822). — Veuf de sa première femme, Louis épouse *Judith de Bavière,* qui lui donne un fils, *Charles,* surnommé plus tard *le Chauve.*

Second partage de l'Empire à l'assemblée de *Worms :* Charles a l'Alamanie (829).

Révoltes de ses fils.

Première révolte des trois fils aînés de Louis le Débonnaire à Paris. L'empereur est enfermé au monastère de *Saint-Corneille,* à Compiègne, et sa femme, dans une autre abbaye. — Mais *Lothaire* se brouille avec ses frères. Les peuples se prononcent pour Louis le Débonnaire, qui est rétabli à l'assemblée générale de **Nimègue** (830).

Nouvelle révolte en 833. Louis le Débonnaire, attaqué par ses trois fils aînés, que soutient le pape *Grégoire Ier,* est pris en Alsace dans *le Champ Rouge,* qui devient **le Champ du Mensonge.** L'empereur est *emprisonné* au couvent de Saint-Médard de Soissons, *dégradé* publiquement, et obligé de lire un long récit des fautes qu'on lui impute. — **Indignation générale des peuples ;** Louis le Débonnaire est rétabli (834).

<table>
<tr>
<td>Nouveaux partages
de l'empire.</td>
<td>Partages à Crémieux (près de Lyon), en 835 ; à Aix-la-Chapelle, en 837 ; à Worms, en 839. — Pépin d'Aquitaine meurt en 838. Louis le Débonnaire meurt en 840, au moment de combattre une nouvelle révolte de ses fils.</td>
</tr>
<tr>
<td>Guerre
entre les fils
de Louis le Débonnaire.</td>
<td>Bataille de Fontanet, près d'Auxerre, gagnée par Louis le Germanique et Charles le Chauve contre Lothaire et Pépin II d'Aquitaine (841).
Serment de Strasbourg (842). — Louis et Charles jurent, le premier en langue romane, le second en langue tudesque, de ne pas faire la paix séparément avec Lothaire. Ces deux serments sont les premiers monuments authentiques en prose des langues française et allemande.
Traité de Verdun (843) : partage définitif de l'empire en trois royaumes : 1° Lothaire a le titre d'empereur, l'Italie et la Lotharingie (Lotharii regnum), c'est-à-dire une longue bande de terre allant de la Méditerranée à la mer du Nord ; — 2° Louis a la Germanie ; — 3° Charles le Chauve a la France.</td>
</tr>
</table>

CHARLES LE CHAUVE (840-877).

<table>
<tr>
<td>Invasions
des Normands.</td>
<td>Charles le Chauve remet la plus grande partie du pouvoir à l'Église : les évêques sont tout-puissants ; Reims est la ville épiscopale, et Laon la ville royale sous la seconde race. — L'archevêque de Reims Hincmar et Gotescalk (prédestination).
Difficultés de son règne : révolte des Bretons, de Pépin II, duc d'Aquitaine. — Opposition des grands, qui fondent des principautés héréditaires. — Édits de Mersen (847), de Pistes (864), de Kiersy-sur-Oise (877).
Les Normands (Northman, homme du Nord), pirates venus de la Scandinavie (Danemarck, Suède, Norwège). — Ils infestent d'abord les côtes, puis, remontant les fleuves, ils pénètrent dans l'intérieur du pays. — Leurs ravages à Rouen, Nantes, Orléans, Bordeaux, Bayonne, Toulouse, etc. — Ils pillent Saint-Martin-de-Tours et Saint-Germain-des-Prés. — Les populations, qui d'abord fuyaient éperdues, se groupent pour résister à l'invasion ou se réfugient sous la protection des châteaux.</td>
</tr>
<tr>
<td>Démembrement
de la France
en grands fiefs.</td>
<td>Les fondateurs de la féodalité ferment la France aux incursions barbares par l'hérédité des bénéfices et des fiefs. — Fondation des diverses dominations locales.
Duché de France, érigé, en 861, pour Robert le Fort, comte d'Angers, auquel Charles le Chauve confie le pays entre Seine et Loire. Robert est tué, en 866, en assiégeant, dans l'église de Brissarthe, une bande de Normands commandée par le terrible Hastings. Il laisse deux fils, Eudes, comte de Paris, et Robert.
Comté de Flandre, fondé, en 863, par Beaudoin Ier Bras de Fer, gendre de Charles le Chauve. — Fondation du comté de Hainaut par Reinier ou Renard. — Fondation du duché de Guyenne par Rainulf, fils de Bernard, comte de Poitiers, en 877. — Fondation du royaume de Bourgogne cisjurane, ou de Provence, en 879, par Boson. — Fondation du royaume de Bourgogne transjurane, en 888, par Rodolf Welf. — Nomenoë, roi de Bretagne, repousse les Normands ; après lui, en 937, Alain Barbetorte leur reprendra Nantes.</td>
</tr>
</table>

Les douze pairs de France.

Les douze pairs de France seront : l'archevêque duc de *Reims*, les évêques ducs de *Laon* et de *Langres*, les évêques comtes de *Noyon*, de *Châlons-sur-Marne* et de *Beauvais*; — les ducs de *Normandie*, de *Bourgogne*, de *Guyenne*, les comtes de *Flandre*, de *Toulouse* et de *Champagne*. — Charles le Chauve se fait couronner *empereur*, et meurt au retour d'Italie (877).

Louis II le Bègue (877-879), Louis III et Carloman (879-884).

Louis II le Bègue, prince maladif et incapable. — Ruine du pouvoir royal. — Les ravages des Normands continuent. — A sa mort, ses deux fils aînés *Louis* et *Carloman* règnent d'abord simultanément. — Louis III bat les Normands à *Saucourt*, et meurt en 882. — A la mort de Carloman (884), comme son frère, troisième fils de Louis le Bègue, n'a que cinq ans, Charles le Gros, arrière-petit-fils de Charlemagne, *empereur et roi de Germanie*, devient roi de France.

Charles le Gros (884-887).

Charles le Gros réunit tout l'empire de Charlemagne (884-887). — Siège de Paris par les Normands, ayant à leur tête *Siegfried* (885-886). La ville est défendue par le comte *Eudes*, fils de Robert le Fort, l'évêque *Gozlin*, et *Èbles*, abbé de Saint-Germain-des-Prés. — Onze mois de siège. — Au lieu de combattre, Charles le Gros achète à *prix d'argent* la retraite des Normands. Les grands, indignés, le déposent à la Diète de Tribur (887). Il se retire au monastère de Reichenau, où il meurt (888).

Démembrement définitif de l'Empire.

L'empire de Charlemagne est définitivement démembré en sept royaumes : *France, Navarre, Italie, Bourgogne cisjurane, Bourgogne transjurane, Germanie, Lorraine.*

LES DERNIERS CAROLINGIENS ET LES DUCS DE FRANCE.

Eudes (887-898).

Le défenseur de Paris, Eudes, proclamé *roi*, bat les Normands à *Montfaucon* (en Argonne, 888) et à *Montpensier* (en Auvergne, 892). Mais les partisans des Carolingiens, ayant à leur tête l'archevêque de Reims, lui opposent le troisième fils de Louis le Bègue, Charles le Simple. — Eudes traite avec lui et le reconnaît pour héritier.

Charles le Simple (898-922).

Traité de Saint-Clair-sur-Epte avec Rollon, chef des Normands (911); Rollon est baptisé, épouse *Gisèle*, fille de Charles le Simple, et fonde le duché de Normandie, dont il est le premier duc (911-927).
Après lui viendront : *Guillaume Ier Longue-Épée* (927-943), *Richard Ier Sans-Peur* (943-996), *Richard II* (996-1027), *Richard III* (1027-1028), *Robert le Diable* (1028-1035), et *Guillaume le Bâtard*, qui, en 1066, conquiert l'Angleterre.

4

Raoul (923-936).

Les grands, irrités de la faveur accordée par **Charles le Simple** à *Haganon*, se soulèvent contre lui, et proclament roi **Robert, duc de France,** frère d'Eudes. — *Bataille de Soissons* (923) : Robert est tué ; mais son fils *Hugues le Blanc,* plus tard *Hugues le Grand,* duc de France, est vainqueur. **Raoul,** *duc de Bourgogne,* et beau-frère de Hugues, est proclamé roi. — Trahi par *Herbert,* comte de Vermandois, **Charles le Simple** meurt prisonnier dans la tour de Péronne.

Louis IV d'Outre-Mer (936-954).

A la mort de Raoul, **Hugues le Grand,** *duc de France,* ne veut pas de la couronne pour lui-même. Il rappelle d'Angleterre et proclame roi **Louis IV d'Outre-Mer,** ainsi surnommé, parce que sa mère, l'Anglaise *Etghive,* avait cherché avec lui un refuge dans sa patrie, pendant la captivité de son mari Charles le Simple. **Louis d'Outre-Mer** ne possède qu'une seule ville, **Laon.** — Il tente de reprendre la Normandie. — En 943, *Guillaume Ier Longue-Épée,* second duc de Normandie, est assassiné au sortir d'une entrevue avec Arnoul, comte de Flandre, près de l'île de Pecquigny, sur la Somme. — Le fils de Guillaume, *Richard,* n'est qu'un enfant ; **Louis d'Outre-Mer** vient le prendre à Rouen, et l'emmène à Laon, sous prétexte de le protéger et de l'élever ; *Osmond,* gouverneur de Richard, l'emporte de Laon dans une botte de paille, et l'emmène à Couci, puis à Rouen. **Louis d'Outre-Mer envahit la Normandie** ; mais il est vaincu et fait prisonnier par les *Danois* païens établis à Cherbourg. — *La reine Gerberge,* fille d'*Othon le Grand,* roi de Germanie, implore le secours de son père et celui de Hugues le Grand. — **Le duc de France** obtient, en effet, la liberté du roi, mais se fait céder Laon. — *Au concile d'Ingelheim* (948), **Louis** supplie de lui faire rendre Laon. — Il reprend cette ville et meurt d'une chute de cheval (954).

Lothaire (954-987).

Hugues le Grand dédaigne encore la couronne. — Il proclame roi le fils de Louis IV, **Lothaire,** âgé de 13 ans. — Comme *duc de France,* il a pour successeur **Hugues Capet** (956). — La mère de Lothaire, *Gerberge,* et la mère de Hugues Capet, *Hedwige,* sont sœurs ; par conséquent, *la paix* est d'abord maintenue. **Lothaire,** *devenu homme,* échoue en Normandie et en Flandre. — Il envahit la Lorraine et pénètre jusqu'à *Aix-la-Chapelle* (978). — A son tour, l'empereur *Othon II* envahit la France et arrive jusqu'à *Montmartre.* Dans leur retraite, **les Allemands** sont vaincus au passage de l'Aisne près de Soissons ; mais Lothaire signe le honteux traité de *Margolius* (980).

Louis V (986-987).

Louis V, fils et héritier de Lothaire (986), meurt sans enfant, en 987. Son oncle, **Charles de Lorraine,** est emprisonné à Orléans par **Hugues Capet,** que *les grands* et l'archevêque de Reims *Adalbéron* proclament **roi.**

LE RÉGIME FÉODAL.

La féodalité.
————
Définition.

> Régime politique et social *en vigueur au moyen âge, et pendant la durée duquel la puissance repose exclusivement sur la possession de la terre.*
> — **Nulle terre sans seigneur, nul seigneur sans terre ;** on possède la terre, ou l'on est possédé par elle. — La société féodale est *une hiérarchie de pro-priétaires fonciers.*

Causes et origines.

> **Chez les Romains,** patriciens et plébéiens, *patrons et clients.* — **Chez les Germains,** *compagnonnage,* qui groupe les guerriers autour de leur chef.
> **Les Francs victorieux** se superposent aux *Gallo-Romains conquis,* et les leudes ou *fidèles,* formant la *truste* du roi, composent une **première aristocratie,** qui s'élève au-dessus de la classe des simples *hommes libres.*
> **Les ducs** (duces), les *margraves* ou *marquis* (comtes des marches ou frontières), les *comtes* (comites), sont d'abord des fonctionnaires **révocables.** — *La recommandation :* les bénéfices. — **L'édit d'Andelot** (587).
> **L'immense étendue de l'empire de Charlemagne** oblige à donner de grands pouvoirs aux *gouverneurs locaux.* — La faiblesse de ses successeurs.
> **Les invasions normandes :** non défendues par les rois et les empereurs, les *populations se groupent* autour des **chefs** assez forts ou assez braves pour les protéger.

Actes constitutifs.

> **Édit de Mersen** (847), qui oblige *tout homme libre* à se choisir **un seigneur.**
> **Édit de Pistes** (864), qui prescrit aux *seigneurs* de bâtir des **châteaux forts** ou *fertés* pour la défense du territoire contre les Normands.
> **Édit de Kiersy-sur-Oise** (877), qui proclame **l'hérédité** *des bénéfices,* c'est-à-dire des terres, et *des offices,* c'est-à-dire des fonctions publiques. — **Le roi** est ainsi dépouillé à la fois de la possession du sol et du droit de choisir les magistrats. — Les comtes, au lieu d'être des *fonctionnaires révocables,* seront désormais des propriétaires avec hérédité.

Hiérarchie féodale.

> **La hiérarchie féodale** comprend : LE ROI, **les douze pairs** ou **grands vassaux,** *les* ducs, les *marquis,* les *comtes,* les *vicomtes,* les *vidames,* les *barons,* les *chevaliers à bannière.*

Relations féodales.

> **Le suzerain,** qui donne le *fief* ; le **vassal,** qui le reçoit. — *Hommage simple, hommage lige, foi, investiture.* — Le vassal doit à son seigneur la fidélité, le **service militaire** ; il doit l'assister dans sa *cour de justice,* lui donner des **aides** en argent, etc. — Les abbayes et monastères ont des *avoués.*

Droits féodaux.

> **Droit de guerre privée ;** de *haute, moyenne et basse justice ;* droit de battre monnaie ; droit d'aînesse ; d'aubaine ; de bris ; de gîte ; de chasse ; de relief ; de tutelle ou garde-noble ; de déshérence, etc.

Serfs et vilains.	**Condition** des classes non nobles : 1° **serfs**; 2° **mainmortables et vilains.** — Les serfs sont *taillables et corvéables à merci*; attachés à la terre dont ils dépendent, ils sont vendus avec elle. — Les mainmortables et vilains ont des *corvées* et des *redevances* limitées, et non arbitraires.
Résultats du régime féodal.	**Morcellement du sol à l'infini**; guerres perpétuelles; violences sur les serfs; affreuse misère des *manants*. — Ignorance presque générale. **Quelques résultats heureux** : dévouement de l'homme pour l'homme; fidélité à la parole donnée; respect de la femme.

L'ÉGLISE : ÉPISCOPAT; PAPAUTÉ; CONCILES; ORDRES RELIGIEUX.

Influence bienfaisante de l'Église.	**A cette époque de barbarie,** de violence et de guerre, l'Église a une influence bienfaisante : elle conserve *l'unité* du monde chrétien, protège les faibles contre les forts, console les malheureux, adoucit leurs souffrances et participe, par ses sacrements et ses *grandes fêtes religieuses*, à tous les actes de la vie des peuples.
L'excommunication.	**Contre ses ennemis,** elle a une arme terrible : l'excommunication. — *L'excommunié* est jeté hors de la société des fidèles : défense à tous de communiquer avec lui. — S'il est *prince*, ses États sont mis en **interdit.**
La papauté et l'épiscopat.	**Sous Charlemagne,** la papauté a été subordonnée à l'Empire. — Après lui, au IX° siècle, les papes deviennent indépendants des empereurs, avec **Étienne IV, Grégoire IV,** l'énergique pontife **Nicolas I**er, qui affirme *la suprématie du siège de Rome.* — **L'évêque** devient le premier personnage de son *diocèse*, comme le pape, le premier de la *chrétienté.*— **Les fausses décrétales** font du pape *le juge de tous les évêques.*
Conciles.	**Les conciles,** assemblées d'évêques et d'ecclésiastiques de tout rang, divisés en *conciles généraux, provinciaux et nationaux.* **Les conciles généraux** ou **œcuméniques** décident en dernier ressort les questions de dogme et de discipline pour *l'Église universelle.* —**Les conciles provinciaux** règlent la discipline dans leur *province.* — *Les synodes* ou assemblées du clergé du *diocèse.* **Sous les Carolingiens 201 conciles nationaux** réunis dans l'espace de 235 ans. C'étaient des *assemblées mixtes*, dans lesquelles évêques et laïques traitaient, sous la présidence du **roi**, autant d'affaires politiques que de questions religieuses.
Les conciles œcuméniques.	Premier concile oecuménique de Nicée, sous Constantin (325). Il déclare hérétique le prêtre **Arius** d'Alexandrie, qui *niait la divinité de Jésus-Christ*, et dresse la profession de foi ou **Symbole de Nicée.** Second concile oecuménique, a Constantinople, sous Théodose (381). Il condamne **Macédonius**, patriarche déposé de Constantinople, qui *niait la divinité du Saint-Esprit.*

Troisième concile œcuménique, a Éphèse, sous Théodose II (431). Il déclare hérétique **Nestorius**, patriarche de Constantinople, qui soutenait que *la vierge Marie était mère du Christ* (Χριστοτόκος), et non *mère de Dieu* (Θεοτόκος).

Quatrième concile œcuménique, a Chalcédoine, sous Marcien (451). Il déclare hérétique **Eutychès**, qui niait la *nature humaine du Christ*, et proclame *la coexistence des deux natures en une seule personne*.

Cinquième concile œcuménique, a Constantinople, sous Justinien (553). Il condamne les **Trois Chapitres**, œuvres de *Théodore*, évêque de Mopsueste, de *Théodoret*, évêque de Cyr, et d'*Ibas*, évêque d'Édesse, comme entachés de l'hérésie nestorienne.

Sixième concile œcuménique, a Constantinople, sous Constantin IV Pogonat (le barbu), en 680. — Il condamne **les monothélites**, qui ne reconnaissaient qu'*une seule volonté en Jésus-Christ*.

Septième concile œcuménique, a Nicée, sous Constantin VI et Irène (787). Il condamne les **iconoclastes** ou *briseurs d'images*.

Huitième concile œcuménique, a Constantinople, sous Basile Ier (869). Il condamne **Photius**, patriarche de Constantinople, qui, depuis 858, *repoussait l'autorité du pape* ; mais *le schisme d'Orient* n'est qu'ajourné. — Le *Filioque*.

Saint Benoît, *fondateur du Mont-Cassin* (480-543). — **La règle bénédictine :** élection de *l'abbé* par les moines. — *Tout est en commun ;* personne ne possède rien en propre. — *Travail intellectuel :* lectures; copie des manuscrits. — *Travail manuel :* labourage, arts et métiers. — La prière, l'hospitalité. — **Les moines** convertissent les païens, *défrichent* les terres incultes, entretiennent des *écoles*, etc.

Saint Colomban fonde le monastère de Luxeuil (590). — *Saint Fiacre* († 690) défriche la Brie. — **L'ordre de Cluny** sera fondé en 910, puis réformé à **Cîteaux** (cisterciens), par *saint Bernard*, abbé de Clairvaux. — *Moines noirs et moines blancs*.

En Italie, monastères du *Mont-Cassin*, de *Bobbio*.

En Aquitaine, *Ligugé, Marmoutiers* (Tours), *Saint-Hilaire* et *Sainte-Radegonde* (Poitiers), *Maubec, Saint-Maixent, Ré, Noirmoutiers, Luçon, Vertou, Aniane, Sorèze, Saint-Guillaume-du-Désert*.

En Provence, *Lérins, Saint-Victor* de Marseille, *Forcalquier*.

En Bourgogne, *Saint-Maurice, Saint-Claude, Luxeuil, Flavigny, Cluny*.

En Bretagne, *Landevennec, Saint-Brieuc, Saint-Gildas-de-Rhuys, Saint-Méen*.

En Neustrie, *Saint-Cloud, Saint-Médard-les-Soissons, Notre-Dame* (Soissons), *Saint-Corneille* (Compiègne), *Saint-Remi* (Reims), *Saint-Vincent* (Laon), *Saint-Denis, Saint-Maur, Chelles, Saint-Germain-des-Prés, Saint-Ouen* (Rouen), *Saint-Germer, Ouche, Fontenelle, Saint-Michel-en-Péril-de-Mer, Saint-Aignan, Jumièges, Sithiu* ou *Saint-Bertin, Fleury* ou *Saint-Benoît-sur-Loire, Ferrières, Saint-Bavon* et *Saint-Pierre* (Gand), *Péronne, Corbie, Saint-Riquier, Saint-Valery, Attigny-sur-Aisne, Jouarre, Faremoûtiers, Orbais, Champeaux, Saint-Loup* (Troyes), *Saint-Waast* (Arras).

Principaux monastères fondés du IVe au Xe siècle. (*Suite.*)

En Austrasie, *Saint-Vannes* (Verdun), *Saint-Mihiel, Celles, Leptines, Sainte-Aldegonde ou Maubeuge, Bilsen, Saint-Trond, Andenne, Sainte-Odile, Nivelles, Condé, Saint-Ghislain, Sainte-Waudru* (Mons), *Pruym, Saint-Hubert, Stavelot, Malmédy, Remiremont, Saint-Dié, Saint-Avold, Saint-Arnould* (Metz), *Ettenheim, Saint-Gall, Reichenau.*

En Germanie, *Lorch, Seligenstadt, Fulde, Fritzlar, Corvey, Erfurth, Saint-Émeran* (Ratisbonne), *Mondsée.*

Dans la Grande-Bretagne, *Saint-Albans, Malmesbury, Jarrow, Bangor.*

Principaux écrivains ecclésiastiques.

En France : *Grégoire de Tours* (539-593) (Histoire ecclésiastique des Francs) : *Frédégaire,* son continuateur. — *Warnefried,* dit *Paul Diacre* (†790). — *Éginhard* († 839). — *Le moine de Saint-Gall.* — *Thégan.* — *Ermold le Noir.* — *Alcuin* († 804). — *Saint Benoît d'Aniane* (750-821). — *Agobard,* arch. de Lyon († 840). — *Hincmar,* arch. de Reims (806-882). — *Scot Erigène* († 856). — *Paschase Radbert,* moine de Saint-Riquier († 865). — *Loup,* abbé de Ferrières († 862).

En Angleterre : *Bède le Vénérable,* moine de Jarrow († 735). — *Winfried* ou *saint Boniface* († 755). — *Saint Dunstan,* arch. de Cantorbéry († 988).

En Germanie : *Raban Maur,* évêque de Mayence (776-856). — Le moine *Wittikind* et l'évêque *Dithmar.* — La nonne *Roswitha.*

Barbarie du Xe siècle.

Calamités épouvantables : invasions, pillage, incendies, massacres, famine, peste. — Ignorance générale. Mœurs violentes. Brigandages.

L'Église devient toute *féodale.* — **A Rome,** deux femmes, *Théodora* et *Marozie,* disposent de la papauté. — *Attente de l'an mille :* crainte de la fin du monde.

Renaissance au XIe siècle.

Le soleil se lève le 1er janvier 1001 : le monde dure encore! — Élan de reconnaissance et d'espoir : construction de *cathédrales* et de *monastères.* Renaissance.

Gerbert (930-1003), moine d'Aurillac, archevêque de Ravenne, de Reims, pape sous le nom de **Sylvestre II** (999-1003). — L'homme le plus savant de son siècle : passe pour magicien ; introduit en Europe *les chiffres arabes* et *l'horloge à balancier,* propose, le premier, une *croisade* pour enlever Jérusalem aux musulmans.

Architecture.

Architecture byzantine : *la coupole et la croix grecque.* — Sainte-Sophie de Constantinople ; Saint-Marc de Venise ; Saint-Front de Périgueux.

Architecture romane, XIe et XIIe siècle : *le plein cintre.* — Saint-Germain-des-Prés, à Paris ; Saint-Étienne de Caen ; la cathédrale d'Angoulême ; Sainte-Croix de Bordeaux ; Notre-Dame-de-la-Couture, au Mans.

Progrès du christianisme.

Conversion définitive des **Danois** sous *Kanut le Grand* (1014-1041), des **Suédois** sous *Éric le Saint* (1155-1160), des **Norwégiens** sous *Olaf le Saint* (1015-1033), des **Polonais** sous *Micislas* (966), des **Russes** sous *saint Wladimir* (980-1015), des **Hongrois** sous *saint Etienne* (997-1058).

L'EMPIRE. OTHON LE GRAND. LES FRANCONIENS. LA QUERELLE DES INVESTITURES. GRÉGOIRE VII.

Derniers Carolingiens d'Allemagne.

Arnulf de Carinthie, fils naturel du roi de Bavière Carloman, est *roi de Germanie* (888-899), bat les Normands sur la *Dyle* (891), soutient en Italie *Bérenger de Frioul* contre Guy de Spolète et son fils Lambert, et se fait couronner *empereur* (896). — Son fils **Louis IV l'Enfant** (899-911), roi à 6 ans, meurt à 18 ans, sans postérité.

Invasion des Hongrois (mangeurs de chair humaine, d'où *ogres*), venus des bords du Volga sous la conduite d'**Arpad** (889). Ils s'unissent aux *Magyars*, et gagnent deux batailles à *Augsbourg* (901-907).

Quatre grands-duchés en Allemagne : *la Souabe, la Bavière, la Saxe* et *la Franconie.*

Conrad Ier.

Conrad Ier, duc de Franconie (911-919), élu par les princes et par les évêques, lutte contre les seigneurs et contre *les Hongrois*, et, en mourant, désigne pour son successeur *Henri l'Oiseleur, duc de Saxe.*

Henri Ier l'Oiseleur.

Henri Ier l'Oiseleur (919-936) fonde **la maison de Saxe** ; — est vainqueur des Slaves à *Brandebourg* (927), des Rédariens, des Obotrites et des Wiltzes à *Lenzen*, des Hongrois à **Mersebourg** (933). — Il ordonne qu'un neuvième de la population de la Saxe sera toujours sur *le pied de guerre*. — Son second fils, **Othon**, est élu roi à la diète d'Erfurt.

Othon le Grand.

______

Rétablissement de l'Empire.

Othon Ier le Grand (936-973) place les grands fiefs dans sa maison : il donne à *son gendre Conrad le Sage* les duchés de **Lorraine** et de **Franconie**, à *son frère Henri*, le duché de **Bavière**, et marie *son fils Ludolph* avec l'héritière du duché de **Souabe**.

Création des comtes palatins, chargés de l'inspection des biens de la couronne. — *Nouveaux évêchés.* — Victoire d'*Augsbourg* sur les Hongrois (955). — La Bohême, la Pologne, le Danemark tributaires d'**Othon**, qui descend en Italie, à l'appel de *sainte Adélaïde*, veuve du roi Lothaire, l'épouse, et devient **roi d'Italie** (951).

Othon, empereur (962). — LE SAINT-EMPIRE ROMAIN GERMANIQUE : le pape élu a besoin de la ratification de l'empereur ; l'empereur élu ne peut être sacré que par le pape. — **Les papes :** *Jean XII* (956-963), *Léon VIII* (963-965), *Jean XIII* (965-972).

Les derniers empereurs Saxons.

Othon II (973-983). Soulèvements en Allemagne. — Il veut conquérir *l'Italie méridionale*, est battu par les Grecs et les Sarrasins à *Basentello* (982), est pris, se sauve à la nage et meurt à Rome.

Othon III (983-1002) règne à trois ans. — Insurrection républicaine du tribun *Crescentius* à Rome ; il est pendu par ordre d'Othon III (998). — Othon fait nommer pape son ancien précepteur, *Gerbert*, sous le nom de **Sylvestre II** ; il meurt sans enfants ; son cousin *Henri de Bavière* lui succède.

Henri II le Saint (1002-1024) veut se faire *moine* à Verdun ; a pour compétiteur en Italie *Ardouin*, marquis d'Ivrée ; le bat à Vérone, et se fait couronner *empereur*, à Rome, par le pape *Benoît VIII* (1014).

<table>
<tr><td>

**Fondation
du royaume
des Deux-Siciles
par les Normands.**

</td><td>

Quarante pèlerins normands, revenant de Terre Sainte, sauvent *Salerne*, attaquée par les Sarrasins (1015). — *Émigration des Normands en Italie.*
Les fils de Tancrède de Hauteville, *Guillaume Bras de Fer, Drogon, Humfroy,* vainqueurs des Sarrasins à Cannes, fondent en *Pouille* 12 comtés (1043). — Leur frère **Robert Guiscard** arrive à *Melfi* (1047). Vainqueur du pape *Léon IX* à *Civitella* (1053), il se reconnaît vassal du Saint-Siège, et est proclamé *duc d'Apulie* (1059). — Son frère *Roger, grand-comte de Sicile* (1060-1101). — Le fils de ce Roger, **Roger II**, sera **roi de Sicile** en 1130; le pape **Innocent II** confirme le titre en 1139. — *Célèbre école de médecine à* Salerne.

</td></tr>
<tr><td>

**Fondation
de la marche
de Brandebourg.**

</td><td>

La marche du Nord, fondée, en 963, contre *les Slaves* par Othon Ier le Grand devient, en 1156, **marche de Brandebourg** ; c'est le *berceau de la Prusse.* — La dynastie ascanienne : *Albert l'Ours* (1134-1170).

</td></tr>
<tr><td>

**Les Franconiens
(1024-1125).**

———

**La querelle
des investitures.**

———

**Henri IV
et Grégoire VII.**

———

**Première période
de la lutte du sacerdoce
et de l'Empire.**

</td><td>

Conrad II le Salique (1024-1039) de la **maison de Franconie,** élu *empereur* à la mort de *Henri II,* est tout-puissant en Allemagne ; — en Italie, par *la Constitution de Pavie* (1037), il déclare tous les fiefs *irrévocables, immédiats, héréditaires.*
Henri III le Noir (1039-1056) dispose en maître, à plusieurs reprises, de *l'élection des papes.* — *Trafic des dignités ecclésiastiques* ; nécessité d'une réforme dans le clergé. — **Hildebrand,** fils d'un charpentier de Toscane, moine à Cluny, va à Rome avec *Léon IX,* dirige tout sous cinq papes (1049-1073), et devient pape lui-même sous le nom de **Grégoire VII.** — Il fait interdire, sous peine d'excommunication et de déchéance, **la simonie** ou trafic des choses saintes, et le *mariage des prêtres* (1058). Désormais le pape doit être élu par le *collège des cardinaux,* avec l'assentiment du peuple romain.
Henri IV (1056-1106), d'abord mineur, bat les Saxons sur *l'Unstrutt* (1075). — Grégoire VII ouvre **la querelle des investitures** en défendant, sous peine d'excommunication, à *tout clerc,* de recevoir d'un laïque, et, à *tout laïque,* de donner à un clerc *l'investiture d'un bénéfice ecclésiastique* (1075). — **Henri IV, excommunié** (1076), voit les princes allemands se révolter contre lui. — Le pape est soutenu par la pieuse **comtesse Mathilde,** duchesse de Toscane. — **Henri IV** se soumet, *s'agenouille trois jours dans la neige,* devant Grégoire VII, à la porte du **château de Canossa** (1077). — *L'anti-César* Rodolphe de Rheinfelden ; *l'anti-pape* Clément III. — **Henri IV,** vainqueur à Mersebourg, assiège Rome ; mais **Grégoire VII** est délivré par *Robert Guiscard,* et meurt à Salerne (1085). — Les fils de Henri IV se révoltent contre leur père. — **Henri IV,** abandonné de tous, déposé, exilé, *meurt de misère à* Liège (1106).
Henri V, devenu empereur (1106-1125), se brouille, à son tour, avec le pape *Pascal II,* et lui dispute la succession de la *comtesse Mathilde* (1115) ; mais il signe avec le pape *Calixte II* le **Concordat de Worms** (1122) : les Églises éliront librement les prélats ; l'empereur leur donnera par le sceptre l'investiture des bénéfices attachés à leur dignité.
Lothaire II de Saxe (1125-1137) est élu contre les neveux de Henri V, *Frédéric de Hohenstaufen,* duc de Souabe, et *Conrad,* duc de Franconie.

</td></tr>
</table>

LES CROISADES. LE ROYAUME DE JÉRUSALEM. LES ASSISES.
L'EMPIRE LATIN DE CONSTANTINOPLE.

Les Croisades. *Les croisades sont des expéditions entreprises du XIe au XIIIe siècle, par les chrétiens d'Occident, pour enlever aux musulmans Jérusalem et le tombeau de Jésus-Christ.* — Il y en a eu huit.

1re Croisade (1095-1099).

Causes : *Mauvais traitements* infligés par les Turcs aux pèlerins à Jérusalem. — *Besoin de mouvement* qui possède les hommes du moyen âge. — *Élan religieux* qui suit l'an mille, et qui est surexcité par *la querelle des investitures.* — *Secours imploré* par l'empereur d'Orient, *Alexis Comnène* (1081-1118), contre les musulmans.

Prêchée par *Pierre l'Ermite* et *Urbain II.* — Conciles de Plaisance et de Clermont-Ferrand (1095). — Élan général : *Dieu le veut !* — Croix de *drap rouge* sur la poitrine. — Départ des premières bandes sous la conduite de *Gauthier Sans-Avoir* : leur destruction.

Les chefs de la croisade sont : **Godefroy de Bouillon**, duc de Basse-Lorraine ; *Raymond de Saint-Gilles*, comte de Toulouse ; *Hugues de Vermandois*, frère du roi de France Philippe Ier ; *Robert Courte-Heuse*, duc de Normandie ; *Adhémar de Monteil*, évêque du Puy et légat du pape ; *Baudouin de Boulogne*, frère de Godefroy ; *Alain Fergent*, duc de Bretagne ; *Bohémond*, prince de Tarente, etc.

Principaux faits : Réunion de l'armée à Constantinople (1096). — Prise de *Nicée* et victoire de *Dorylée* sur les Turcs (1097). — Prise d'*Édesse* (1097) et d'*Antioche* (1098). — Prise de Jérusalem (1099) sur le khalife fatimite d'Égypte. — Victoire d'*Ascalon.*

Godefroy de Bouillon est nommé roi de Jérusalem · *cinq grands fiefs* : Comté d'Édesse, principauté d'Antioche, seigneurie de Jérusalem, principauté de Tibériade, comté de Tripoli. — Les **rois de Jérusalem** sont : *Godefroy de Bouillon* (1099-1100) ; *Baudouin de Boulogne* (1100-1118) ; *Baudouin du Bourg* (1118-1131) ; *Foulques d'Anjou* (1131-1142) ; *Baudouin III* (1142-1162) ; *Amaury Ier* (1162-1174) ; *Baudouin IV* (1174-1185) ; *Baudouin V* (1185-1186) ; *Guy de Lusignan* (1186-1187) ; *Conrad de Montferrat* (1187-1192) ; *Henri de Champagne* (1192-1197) ; *Amaury II* (1202-1205). — *Jean de Brienne.*

Les Assises de Jérusalem sont les lois écrites en français pour le nouveau royaume, sous le nom de *Lettres du Saint-Sépulcre*, et mises en ordre par *Jean d'Ibelin*, vers 1250. — Cour des barons, cour des bourgeois, cour des Reis ou des indigènes.

Ordres religieux et militaires.	L'**Ordre de Saint-Jean** ou *Hospitaliers*, fondé en 1100, par *Gérard de Martigues*; plus tard *Ordre de Rhodes* (1310), puis **Ordre de Malte** (1530) ; — l'**Ordre des Templiers**, fondé en 1118, par *Hugues de Payens*, pour défendre la Terre Sainte et protéger les pèlerins. — L'**Ordre Teutonique**, fondé en 1190 par les Allemands, d'abord pour soigner et protéger, en Terre Sainte, *leurs nationaux*, puis, plus tard, en 1226, pour combattre les *Borusses* (Prussiens) idolâtres. — **Les chevaliers Porte-Glaives de Livonie** se réunissent *aux chevaliers Teutoniques* en 1237. **Armoiries** : Emblèmes pour distinguer les guerriers entre eux; science *du blason.* — *Les noms de famille* commencent à s'introduire.
Développement de la chevalerie.	**La chevalerie**, sorte de *confrérie militaire*, où les nobles seuls, après de longues épreuves, pouvaient entrer. — **Les chevaliers** s'engageaient, sous peine de *félonie*, à ne jamais fuir devant l'ennemi, à être fidèles à leur suzerain, courtois envers les dames, à défendre l'Église, les veuves et les orphelins. — L'enfant noble était d'abord *page*, *varlet* ou *damoiseau*; puis, à 15 ans, *écuyer*; à 21 ans, armé **chevalier**, après *veillée d'armes*, sur la présentation de deux *parrains*. — *Tournois :* joutes et pas d'armes. — Poésie chevaleresque.
2ᵉ Croisade (1147-1149).	**Causes** : Prise d'*Édesse* par les Turcs (1144); massacre de 30 000 chrétiens. — Incendie de Vitry. **Prêchée** par *saint Bernard*, abbé de Clairvaux, à Vézelay (1146). **Chefs** : L'empereur *Conrad III* de Hohenstaufen ; le roi de France *Louis VII le Jeune* ; *Thierry d'Alsace*, comte de Flandre ; *Alphonse Jourdain*, comte de Toulouse, etc. **Principaux faits** : *Les Allemands* de Conrad, trahis par les Grecs, sont exterminés en Asie Mineure. — *Les Français*, harcelés en Asie par les Turcs, obligés de s'embarquer à *Satalie* pour la Palestine, arrivent cependant à Jérusalem. Siège inutile de *Damas* (1148-1149). Découragement et retour des croisés.
3ᵉ Croisade (1187-1192).	**Causes** : *Saladin*, maître de l'Égypte, gagne la bataille de *Tibériade* (1187): *Guy de Lusignan* captif ; *Jérusalem prise.* **Prêchée** par *Guillaume*, archevêque de Tyr : vif enthousiasme; *dîme saladine.* **Chefs** : L'empereur *Frédéric Barberousse* ; le roi de France, *Philippe Auguste* ; le roi d'Angleterre, *Richard Cœur-de-Lion.* **Principaux faits** : *Frédéric Barberousse* passe par Constantinople et se noie dans le Selef. — Philippe Auguste et Richard se brouillent en Sicile. — Siège et prise de *Ptolémaïs* ou *Saint-Jean-d'Acre* (1190). — Retour de Philippe Auguste. — Victoire de Richard Cœur-de-Lion à *Arsur* (1192) ; mais Jérusalem demeure aux infidèles. — *Courtoisie chevaleresque* entre chefs chrétiens et musulmans.

4e Croisade (1202-1204).

Causes : *Malek-Adel*, frère de Saladin, menace les chrétiens d'Orient. Le pape *Innocent III* prépare la croisade.

Prêchée par *Foulques*, curé de Neuilly-sur-Marne, dans un tournoi au château d'*Écry-sur-Aisne*, en Champagne.

Chefs : *Beaudouin*, comte de Flandre ; *Thibault*, comte de Champagne ; *Simon*, comte de Montfort ; *Geoffroy de Villehardouin*, maréchal de Champagne ; *Boniface*, marquis de Montferrat ; *Dandolo*, doge de Venise.

Principaux faits : *La croisade est détournée de son but.* **Les croisés**, ayant voulu louer des vaisseaux à *la république de Venise*, et n'ayant pas assez d'argent, sont obligés de prendre au roi de Hongrie *le port de Zara*, en Dalmatie, pour les Vénitiens. — Ensuite, à l'instigation de **Venise**, ils se mêlent aux dissensions intestines de l'empire d'Orient, et prennent deux fois *Constantinople* (1203-1204), la première pour leur allié *Isaac l'Ange*, la seconde pour eux-mêmes.

Empire latin de Constantinople (1204-1261). *Beaudoin de Flandre* est **empereur**, *Boniface de Montferrat* est roi de Macédoine, *Villehardouin*, maréchal de Romanie ; **les Vénitiens** ont les Cyclades, les Sporades, la Crète, etc., et sont *seigneurs d'un quart et demi de l'empire romain.* — Aux prises avec les *Bulgares*, en Europe, avec les empereurs grecs de *Nicée* et de *Trébizonde*, en Asie, l'empire latin d'Orient n'a qu'une existence éphémère. *L'empire grec* sera rétabli à Constantinople, en 1261, par *Michel Paléologue.*

5e Croisade (1217-1221).

Cause : *Croisade d'enfants* (50 000), qui périssent presque tous (1212).

Prêchée par *Innocent III*, au concile œcuménique de Latran (1215).

Chefs : *André II*, roi de Hongrie, et *Jean de Brienne*, roi titulaire de Jérusalem.

Principaux faits : Échec d'*André II*, en Palestine (1218). — Expédition de *Jean de Brienne* en Égypte contre *Malek-Kamel* : il prend *Damiette* ; marche sur le Caire ; mais *le Nil débordé* inonde le camp chrétien, et les croisés décimés par la faim et les maladies traitent avec les musulmans et rendent Damiette (1221).

6e Croisade (1228-1229).

L'empereur Frédéric II, quoique excommunié par le pape, traite avec *Malek-Kamel*, et obtient *la restitution de Jérusalem*, à condition de laisser aux musulmans *la mosquée d'Omar.*

7e Croisade (1248-1254).

Cause : Prise de Jérusalem par *les Kharismiens.*

Prêchée par *Innocent IV*, au concile œcuménique de Lyon (1245).

Chef : *Louis IX* (saint Louis), roi de France, qui, malade, jure de prendre la croix s'il revient à la santé, et tient parole.

Principaux faits : Départ d'Aigues-Mortes ; passage à Chypre ; prise de *Damiette* (1249). — Bataille de *Mansourah* ; mort du *comte d'Artois*, frère du roi. — Le *feu grégeois. La peste.* — **Louis IX**, *captif*, rend Damiette et paye *rançon.*

Retour en France, à la mort de la régente, *Blanche de Castille*, mère du roi.

8ᵉ Croisade (1270).
Cause : *Bibars-Bondochar*, sultan des mamelouks d'Égypte, attaque la Palestine.
Chef : *Saint Louis*, déjà malade, qui est détourné de la Syrie par son frère *Charles d'Anjou*, roi de Naples.
Principaux faits : Les croisés en Afrique. — *Saint Louis* échoue et meurt de la peste devant *Tunis* (1270). — En 1291, *les mamelouks* enlèvent aux chrétiens les dernières places de la Palestine.

Résultats des Croisades.
Résultats sociaux : *Rapprochement* entre l'Europe et l'Asie ; entre les différents peuples chrétiens ; entre les seigneurs et les serfs : *fraternité nationale.* — Affaiblissement de *la féodalité* ; accroissement *du pouvoir royal* et progrès *des libertés populaires.*
Résultats commerciaux et industriels : *nouveaux débouchés pour le commerce :* prospérité rapide de *Venise, Gênes, Pise, Marseille*, par le transport des croisés et des produits de l'Orient. — Réveil de l'industrie : *des croisades* datent, en Europe, la fabrication *des soieries* ; l'emploi de l'orseille, du safran, de l'indigo, de l'alun pour *la teinture* ; l'art de travailler *l'émail, les métaux* et *les pierreries* ; l'usage *des moulins à vent* ; *les glaces de Venise*, imitées des verres de *Tyr*. — Progrès des sciences : *géographie* ; *médecine* (la thériaque).
La France a eu la part principale aux croisades : plus des deux tiers des croisés furent français : *Gesta Dei per Francos !* — Aussi les chrétiens d'Europe n'ont qu'un nom en Orient, celui de *Francs.*

Croisades d'Occident.

Lutte des Espagnols contre les Maures.
Croisade de huit siècles, au nom du Christ et de la liberté ! — Victoire de *Charles Martel* à Poitiers.
Pélage fonde, en 711, le royaume chrétien des Asturies, qui devient successivement *royaume d'Oviédo*, en 761, et *royaume de Léon*, en 914.
Garcias Ximénès fonde, en 858, *le royaume de Navarre.*
Sauche III le Grand, roi de Navarre (1000-1035), érige le comté de Castille en royaume (1035) pour son second fils, Ferdinand, qui réunit en *un seul royaume Castille et Léon* (1037).
Ramire (1035-1063), troisième fils de Sanche, fait du comté de Jacca *le royaume d'Aragon.*
Invasion des Almoravides d'Afrique, vainqueurs à *Zalaca* (1086) et à *Uclès* (1108).
Le Cid Campéador (don Rodrigue de Bivar) s'empare de *Valence* (1094-1099) ; mais sa veuve, *Chimène*, ne peut s'y maintenir.
Alphonse le Conquérant, fils de *Henri de Bourgogne*, vainqueur des musulmans à *Ourique*, fonde *le royaume de Portugal* (1142).
Création des Ordres religieux et militaires de *Calatrava* (1158), *Saint-Jacques de Compostelle* (1161), *Alcantara* (1176).

ALEXANDRE III ET FRÉDÉRIC BARBEROUSSE. INNOCENT III.
GUERRE DES ALBIGEOIS.

Maison de Souabe (1137-1250).

———

Conrad III (1137-1152).

Conrad III *de Hohenstaufen* (1137-1152), seigneur de *Gieblingen*, en *Souabe*, est élu contre **Henri le Superbe**, duc de *Bavière, Toscane* et *Saxe*, et représentant de la maison des *Welfs*. — *Lutte de Henri et de Conrad :* **Guelfes** (Welfs) et **Gibelins** (Gieblingen). — Henri le Superbe a pour successeur son fils *Henri le Lion*, soutenu par les Saxons. — *Palatins et Burgraves.*

Frédéric Barberousse, neveu de Conrad, *élu empereur* après lui, rend *la Bavière* à Henri le Lion, et entreprend **six expéditions en Italie**, où se sont multipliées *les cités républicaines.*

1re **Expédition** (1154). Frédéric lutte contre **Milan** et prend *Tortone.* — Il s'allie avec le pape **Adrien IV**, qui le couronne, et fait pendre *Arnauld de Brescia*, qui avait rétabli l'ancienne République romaine (1155). Il détruit *Spolète*, manque de périr au passage de l'Adige, et se brouille avec Adrien IV, qui le traitait en vassal.

2e **Expédition** (1158). Frédéric se fait proclamer à la diète de *Roncaglia*, par les légistes de Bologne, « *la loi vivante sur la terre.* » Il crée dans les villes des *podestats*, chargés de le représenter et de faire valoir les droits impériaux.

Frédéric Ier Barberousse (1152-1190).

Alexandre III.

———

Seconde période de la lutte du sacerdoce et de l'Empire.

3e **Expédition** (1159-1162). Frédéric brûle *Crème*, après six mois de siège. Il prend *Milan* après deux ans de siège et détruit la ville (1160-1162). — Le cardinal Roland, devenu pape, sous le nom d'**Alexandre III** (1159-1181), se met à la tête des Italiens. — *L'antipape Victor III.*

4e **Expédition** (1164). Échec de l'empereur. —*Alexandre III*, rappelé de France, où il s'était réfugié, rentre dans Rome en triomphe. — Formation de la *Ligue lombarde.* Milan est rebâtie (1167).

5e **Expédition** (1167-1168). Frédéric prend Ancône et Rome; mais son armée est détruite par la peste. — Fondation d'*Alexandrie* par la Ligue lombarde (1168).

6e **Expédition** (1174). Frédéric échoue au siège d'*Alexandrie de la Paille* (1175), et perd la bataille de *Legnano* (1176). — Trève de *Venise* (1177) et paix de *Constance* (1183) : les villes lombardes s'administrent librement, à condition de jurer fidélité à l'empereur. — Frédéric se dédommage en Allemagne, en dépossédant *Henri le Lion.* — Il marie son fils *Henri* avec *Constance*, tante et unique héritière de *Guillaume II*, dernier roi normand de Sicile; et meurt à la troisième croisade.

Henri VI (1190-1197).

Henri VI hérite *du royaume de Sicile*, par sa femme *Constance*, à la mort de Guillaume II (1189), et devient **empereur** à la mort de son père, Frédéric Barberousse (1190). — Soulèvement des Siciliens; ils proclament *Tancrède*, fils naturel d'un frère aîné de Guillaume. — Mort de Tancrède. — Cruautés de Henri VI en Sicile. Il meurt à Messine (1197).

Philippe de Souabe (1197-1208) et Othon de Brunswick (1197-1218).

A la mort de Henri VI, deux compétiteurs se disputent *l'empire :* **Philippe de Souabe,** frère de Henri VI, soutenu par *les Gibelins* (1197-1208), mais qui périt assassiné ; et **Othon de Brunswick,** fils de Henri le Lion (1197-1218), soutenu par *les Guelfes.* — Le fils mineur de Henri VI, *Frédéric II,* est roi de Sicile, sous la tutelle de sa mère, Constance, alliée du pape Innocent III.

Le pape Innocent III (1198-1216).

Innocent III réclame *le premier rang* dans le monde chrétien, « *au-dessous de Dieu, au-dessus des hommes.* » **Il excommunie** l'empereur *Othon ;* le roi d'Angleterre *Jean Sans-Terre ;* le roi de France *Philippe Auguste ;* prêche la quatrième croisade, et la croisade des Albigeois.

Croisade des Albigeois (1208-1229).

Causes : LES ALBIGEOIS, **hérétiques du Midi,** favorisés par le *comte de Toulouse,* sont *manichéens* et nient *la transsubstantiation.* — Ils sont prêchés, en vain, par **saint Dominique,** fondateur de l'ordre *des Frères Prêcheurs* ou *Dominicains* et de l'*Inquisition.* — **Opposition du Midi et du Nord.** *Le Midi,* plus riche, moins croyant, en rapport avec les Arabes et les Juifs, a des cours brillantes, mais légères, qui retentissent des chants des *troubadours.* — **Innocent III** somme le comte de Toulouse, *Raymond VI,* de se soumettre au pape. Des chevaliers de Raymond tuent le légat *Pierre de Castelnau,* au passage du Rhône (1208) ; à cette nouvelle, **Innocent III** ordonne, contre *le Midi,* **la prédication d'une croisade.**

Chefs : *Simon de Montfort, Eudes III, duc de Bourgogne, Arnauld de Vaux-Cernay,* abbé de Cîteaux, et le comte de Toulouse lui-même. — Lutte *du Nord* contre *le Midi.*

Principaux faits : Sac de *Béziers* et de *Carcassonne* (1209) ; massacre des Albigeois. — *Raymond VI* dépossédé au profit de *Simon de Montfort ; Pierre II,* roi d'Aragon, allié de Raymond, vaincu et tué à *Muret* (1213). — Tyrannie de Simon de Montfort : *Toulouse* se soulève, le chasse, et rappelle Raymond VI. — Simon de Montfort est tué au siège de *Toulouse* (1218). Son fils *Amaury de Montfort* désespère de triompher de *Raymond VII,* fils et successeur de Raymond VI. Il cède ses prétentions à *Louis VIII,* fils et successeur de Philippe Auguste, qui prend *Avignon* et meurt (1226).

Traités : pendant la minorité du roi de France *Louis IX,* sa mère, la régente, *Blanche de Castille,* signe avec *Raymond VII* les traités de *Meaux* et de *Paris* (1229). Raymond abandonne le comtat Venaissin au *Saint-Siège ;* Narbonne, Béziers, Nîmes, au *roi de France,* et donne la main de sa fille et héritière, *Jeanne,* à *Alphonse,* comte de Poitiers, frère de Louis IX.

INNOCENT IV ET FRÉDÉRIC II. LA MAISON D'ANJOU EN ITALIE.

Frédéric II (1212-1250). Ses luttes avec les papes Honorius III, Grégoire IX et Innocent IV.

Troisième période de la lutte du sacerdoce et de l'Empire.

Frédéric II, fils de Henri VI et de Constance; *roi de Sicile* à **13** ans, en 1197, sous la tutelle de sa mère; **empereur** en 1212, par l'appui du pape **Innocent III** contre *Othon de Brunswick*, devenu l'ennemi du Saint-Siège, signe **la constitution d'Ægra** (1213), qui accorde *aux chapitres* la libre élection des évêques et *le droit d'appel* à Rome; il s'engage aussi à céder *la Sicile* à son fils, et à partir en *Terre Sainte*.

Frédéric ne tient pas ses promesses. Il veut garder la Sicile et l'Empire, et subordonner l'Allemagne à l'Italie. Il soumet *les Sarrasins* de Sicile et en transporte 20 000 à *Lucera*, dans la Capitanate, afin d'avoir une armée prête à combattre même contre *le Saint-Siège* (1224).

Le pape Honorius III (1216-1227) presse **Frédéric** d'entreprendre *une croisade* et le marie avec *Yolande*, fille de *Jean de Brienne*, roi nominal de Jérusalem.

Le pape Grégoire IX (1227-1243) *excommunie trois fois* **Frédéric II** : 1° pour ne pas être allé à la croisade; 2° pour y être allé, étant excommunié; 3° pour avoir recouvré Jérusalem, étant excommunié deux fois déjà. — *Seconde Ligue lombarde* (1226). **Grégoire IX** prêche une croisade contre **Frédéric II.**

Frédéric, de retour, oblige le pape à l'absoudre, par la paix de *San-Germano* (1230), et écrase *la Ligue lombarde* à *Corte-Nuova* (1237). — *Excommunié une quatrième fois* (1239), il envahit les États de l'Église, mais échoue devant *Rome* (1240).

Grégoire IX convoque un *concile général dans l'église de Latran* (1241); mais la victoire navale *des Pisans*, alliés de *Frédéric*, contre *les Génois*, alliés de Grégoire IX, à *Méloria* (1241), en empêche la réunion.

Innocent IV (1243-1254). — *Concile général de Lyon* (1245) · **Frédéric**, abandonné par son chancelier *Pierre de la Vigne*, et défendu par son grand justicier *Thaddeo de Suessa*, **est déposé.** Il en appelle à tous les rois et veut subordonner l'Église à l'État. On lui oppose *Henri Raspon, le roi des prêtres.* — *Enzio*, fils naturel de *Frédéric*, est vaincu et pris à *Fossalta* par les Bolonais (1249). **Mort de Frédéric** (1250).

Conrad IV et Manfred.

Conrad IV, fils et successeur de Frédéric II, *empereur et roi de Naples* (1250-1254). — A sa mort, **Manfred**, fils naturel de Frédéric II, devient *roi de Naples*, malgré le pape *Alexandre IV*. Il marie sa fille Constance avec *Pierre d'Aragon*. — Les papes *Urbain IV* et ensuite *Clément IV* appellent contre lui **Charles d'Anjou**, frère du roi de France *Louis IX*. *Manfred* est vaincu et tué à la bataille de *Grandella* (1266).

<table>
<tr>
<td>

**La maison d'Anjou
à Naples
(1266-1435).**

</td>
<td>

Charles d'Anjou, roi des Deux-Siciles (1264-1285). — *Conradin,* fils de Conrad IV, qui vient lui en disputer la possession, est vaincu à *Tagliacozzo,* pris et décapité avec son cousin *Frédéric* (1268). — Tyrannie de Charles d'Anjou : **massacre des Vêpres Siciliennes** (1282). — *Pierre III d'Aragon* soutient les Siciliens : *Charles le Boiteux,* fils de Charles d'Anjou, est vaincu et pris à la bataille navale de *Naples* par l'Aragonais *Roger de Lauria* (1284).

Charles le Boiteux (1285-1309) cède la Sicile à *Frédéric d'Aragon,* en 1302. — *La dynastie angevine de Naples* s'éteindra dans la personne de la reine **Jeanne II,** en 1435.

</td>
</tr>
</table>

CONQUÊTE DE L'ANGLETERRE PAR LES NORMANDS. HENRI II.
LA GRANDE CHARTE. HENRI III.

<table>
<tr>
<td>

**Egbert le Grand
(827-836).**

———

**Alfred le Grand
(871-901)**

</td>
<td>

Egbert le Grand (roi de Wessex) réunit l'*Heptarchie anglo-saxonne* en une seule monarchie. — **Invasions des Danois,** qui s'établissent dans le nord-est de l'Angleterre (871). Leur chef *Lodbrog* supplicié par *Ælla.*

Alfred le Grand, petit-fils d'Egbert, d'abord vaincu par **Gothrun,** le terrible chef des Danois, se cache, au service d'un bûcheron de la Cornouailles, puis gagne la bataille d'*Éthandun* (878) : Gothrun se fait *chrétien.* — L'Angleterre partagée entre *les Danois,* au nord-est, et *les Saxons,* au sud-ouest.

Les lois d'Alfred. — L'*École d'Oxford.* — L'Angleterre partagée en *comtés, centaines, dizaines.* Assemblée du comté sous la direction du *shérif* ou représentant du roi. — Assemblée générale de la nation ou *Wittenagemot.* — Jugement par 12 *jurés.*

</td>
</tr>
<tr>
<td>

**Domination danoise
(1014-1041).**

———

**Kanut le Grand
(1014-1035).**

</td>
<td>

Édouard l'Ancien (901-925). — **Athelstan** (925-941) triomphe des Danois à *Brunanburgh* (937), et prend le titre de *roi d'Angleterre.*

Éthelred II (978-1013) établit l'impôt du *Danegeld,* pour payer tribut aux pirates Danois ; puis il les fait massacrer le jour de *la Saint-Brice* (1003). Vaincu par *Suénon,* roi de Danemark, il se réfugie auprès de *Richard II,* duc de Normandie, dont il avait épousé la sœur *Emma.*

Edmond Côte de Fer, fils d'Ethelred, lutte jusqu'à sa mort (1016) contre le Danois *Suénon* et contre le fils et successeur de Suénon, *Kanut.*

Kanut le Grand épouse *Emma,* veuve d'Ethelred ; il règne à la fois sur l'Angleterre, le Danemark et la Norwège. — Après les deux fils de Kanut, **Harald** (1035-1040) et **Hard Kanut** (1040-1041), *la dynastie saxonne* recommence.

Édouard le Confesseur (1041-1066), fils d'Ethelred et d'Emma, est appelé de Normandie par le comte *Godwin.* Il donne tous les emplois aux *Normands.* — A sa mort, le duc de Normandie *Guillaume le Bâtard* réclame son héritage ; on lui préfère *Harold,* fils de Godwin.

Harold bat à *Stamford-bridge,* près d'York, son frère *Tostig* révolté ; mais *les Normands débarquent en Angleterre.*

</td>
</tr>
</table>

Guillaume le Conquérant, duc de Normandie, fils du duc *Robert le Diable* et de la fille d'un tanneur de Falaise, épouse sa cousine *Mathilde*, fille du comte de Flandre. — Il réclame l'Angleterre, avec l'appui du pape *Grégoire VII*. — **Bataille d'Hastings** (14 octobre 1066) : *Harold* tué; l'Angleterre conquise. La *Tour de Londres*. — Dernières résistances des Saxons : *le Camp du Refuge* dans l'île d'Ély (1070-1072).

Spoliation des vaincus : Partage de toute l'Angleterre en 60 000 *fiefs* et 600 *baronnies*. — Le *Doomsday-book*, le *grand terrier* de l'Angleterre, cadastre de la conquête. — *Forte organisation sociale* : le roi reçoit le serment non seulement des vassaux, mais des arrière-vassaux.

Dureté à l'égard des vaincus : lois sur la chasse, qui est interdite aux Saxons sous peine de mort. *Les outlaws* (hors la loi). — **La langue française,** seule employée en justice, sera *langue officielle* pendant deux siècles. — **Lanfranc,** nommé *archevêque de Cantorbéry*, triomphe des résistances du clergé anglo-saxon.

Guillaume le Conquérant, blessé à la prise de Mantes contre *Philippe Ier*, roi de France, meurt à Rouen et est enterré à Caen (1087).

Le Conquérant laisse trois fils : l'aîné, **Robert Courte-Heuse,** est duc de Normandie; — le second, **Guillaume II le Roux,** est roi d'Angleterre, se fait détester, et périt à la chasse; — le troisième, **Henri Ier Beau-Clerc,** supplante *Robert Courte-Heuse*, le prend et lui crève les yeux. Il règne à la fois sur la Normandie et l'Angleterre. Il bat à *Brenneville* (1119) le roi de France *Louis VI*, allié de *Guillaume Cliton*, fils de Robert; mais il perd ses deux fils dans le naufrage de la *Blanche-Nef*.

Après la mort d'Henri Beau-Clerc, la couronne est disputée entre sa fille, *l'impératrice Mathilde*, veuve de l'empereur *Henri V*, mariée à *Geoffroy Plantagenêt*, comte d'Anjou et du Maine, et **Étienne de Blois,** petit-fils de *Guillaume le Conquérant* par sa mère *Adèle*. — Étienne finit par reconnaître, pour héritier, le fils de Mathilde, *Henri Plantagenêt*.

Henri II Plantagenêt, comte d'Anjou, du Maine et de Touraine, par son père, *Geoffroy*; — duc de Normandie et roi d'Angleterre, par sa mère, *Mathilde*; — duc d'Aquitaine, par sa femme, *Éléonore de Guyenne*, est plus puissant que *son suzerain*, le roi de France *Louis VII*.

Thomas Becket, fils d'un bourgeois de Londres et d'une *Sarrasine*, élève des légistes de Bologne, favori et chancelier d'**Henri II,** devient *archevêque de Cantorbéry*. Il se brouille avec le roi et défend contre lui *les libertés de l'Église d'Angleterre*. — **Statuts de Clarendon** (1164), qui attribuent au roi la garde et le revenu des *évêchés vacants*; ses vassaux *ecclésiastiques* seront soumis aux mêmes services que *les laïques*; tout ecclésiastique prévenu de crime sera traduit devant *les tribunaux séculiers*. — **Résistance de Becket** exilé en France, tour à tour protégé et abandonné par *Louis VII*. — *Réconcilié* avec **Henri II,** l'archevêque revient en Angleterre; mais il *est assassiné* dans la cathédrale de Cantorbéry (1171).

Conquête de l'Angleterre par les Normands (1066).

Guillaume le Conquérant (1066-1087).

Guillaume II le Roux (1087-1100).
Henri Ier Beau-Clerc (1100-1135).
Étienne de Blois (1135-1154).

Henri II Plantagenêt (1154-1189).

Thomas Becket.

Henri II Plantagenêt **(1154-1189).** *(Suite.)*	**Henri II**, excommunié par le pape **Alexandre III**, se reconnaît vassal pour l'*Irlande* (île des Saints), qu'il vient de conquérir. — Révolte de la femme du roi, *Éléonore*, et de ses quatre fils, *Henri Court-Mantel*, *Richard Cœur-de-Lion*, *Geoffroy*, *Jean Sans-Terre*, soutenus par les rois de France *Louis VII* et *Philippe Auguste*. — **Henri II** s'humilie devant *le tombeau* de Thomas Becket et meurt en maudissant ses fils.
Richard Cœur-de-Lion **(1189-1199).**	**Richard Cœur-de-Lion**, second fils de Henri II, *roi-chevalier*, brave et brutal, s'illustre à la troisième croisade contre *Saladin*. — Revient secourir ses États, attaqués par *Philippe Auguste* et *Jean Sans-Terre*; est retenu prisonnier, au passage, par le duc d'Autriche, *Léopold*, et l'empereur *Henri VI*, paye rançon et est vainqueur de Philippe Auguste à *Fréteval* et à *Gisors*. — Il est tué d'une flèche devant le château de *Chalus*, en Limousin.
Jean Sans-Terre **(1199-1216).**	**Couronne disputée** entre *Arthur de Bretagne*, dont le père, *Geoffroy*, était le troisième fils de Henri II, et son oncle, **Jean Sans-Terre**, quatrième fils de Henri II. — **Jean Sans-Terre** assassine Arthur. Sommé par son suzerain, le roi de France *Philippe Auguste*, de comparaître à Paris pour se justifier devant la *cour des Pairs*, il refuse; alors Philippe Auguste confisque cinq provinces : *Normandie, Maine, Anjou, Touraine, Poitou* (1204-1206). **Jean Sans-Terre**, excommunié par *Innocent III*, se soumet et se reconnaît vassal du *Saint-Siège*; mais les *barons*, *prélats* et *bourgeois*, ayant à leur tête l'archevêque de Cantorbéry, *Étienne Langton*, lui imposent **la Grande Charte**, fondement des libertés anglaises : jugement par les pairs, vote de l'impôt, liberté individuelle, etc. (19 juin 1215). — *Charte des forêts; conseil des barons.* **Jean viole ses promesses.** On lui oppose comme compétiteur *Louis*, fils du roi de France, qui est abandonné à la mort de Jean.
Henri III (1216-1272).	**Henri III** (fils de Jean), roi à 9 ans, à sa majorité révoque la *Grande Charte* (1227). — Il est vaincu à *Taillebourg* et à *Saintes* par saint Louis (1242) et épouse *Éléonore de Provence*. — Ses exactions. **Les barons soulevés** lui imposent *les statuts d'Oxford* (1258). Désormais il y aura un Parlement au moins tous les trois ans, avec un comité permanent de 24 membres auprès du roi. — Promesses violées. — **Henri III**, vaincu à *Lewes* par Montfort, comte de Leicester (1264), est vainqueur à *Evesham* (1265). — Le Parlement divisé en *deux chambres* : chambre des **Lords** et chambre des **Communes**.
Édouard Ier (1272-1307).	**Édouard Ier** (fils de Henri III) conquiert le **Pays de Galles** sur *Llewellyn* et *David* (1282-1283), et donne à son fils aîné le titre de *Prince de Galles*. — Il soutient, en **Écosse**, *Baillol* contre *Robert Bruce*. — Devenu vassal d'Édouard, *Baillol* se soulève, est vaincu à *Dunbar* (1297) et l'**Écosse est conquise**; mais elle s'insurge bientôt avec **Wallace**, qui est vaincu à *Falkirk* (1298), livré, mis à mort (1305). — **Robert Bruce**, petit-fils de l'ancien concurrent de Baillol, continue la résistance.

Édouard II (1307-1327).

Édouard II (fils d'Édouard I*er*), faible et incapable, est vaincu à *Bannockburn* par *Robert Bruce*; **l'Écosse est perdue** (1314). — *Édouard* est gouverné par le Gascon *Gaveston*, que les barons révoltés décapitent; puis par *Hugues Spencer*. — *La reine Isabelle*, fille de Philippe le Bel, roi de France, s'insurge; *Spencer* est tué; **Édouard II est déposé** et mis à mort. Son fils *Édouard III* lui succède.

PROGRÈS DES POPULATIONS URBAINES ET RURALES;
TENDANCE A L'AFFRANCHISSEMENT; LES COMMUNES.

Progrès des populations urbaines et rurales.

Tendances à l'affranchissement.

Les croisades amènent un rapprochement entre *le serf* et *le seigneur*, qui ont supporté les mêmes dangers, ont combattu côte à côte, se sont rendu des services mutuels. — *La pensée de l'égalité* s'est développée.

Les habitants des villes se sont enrichis par *le commerce*. — Au pied des châteaux, autour des monastères et des églises, se sont formés, sous la protection de l'abbé ou du comte, des *bourgades* et des *villages* d'artisans, **des paroisses**; des lieux de réunion, **marchés, foires**. — *L'esprit de liberté* y est plus vif qu'ailleurs.

Les seigneurs ont besoin d'argent pour partir en croisade; et, cet argent, ils ne l'obtiennent de leurs sujets qu'en leur accordant des *chartes d'affranchissement*, en leur permettant de former **des communes**.

Rôle du roi.

Le roi appuie le mouvement sur les terres de *ses vassaux*, le combat sur *les siennes*.

Insurrection des paysans de Normandie (996).

Leur chant.

Première insurrection des paysans de Normandie, en 996. *Leur chant*, rapporté par le **Roman du Rou** :

Pourquoi nous laisser dommager ?	Et tous ensemble nous tenons;
Mettons-nous hors de leur danger :	Et si nous voulons guerroyer,
Nous sommes hommes comme ils sont;	Bien avons contre un chevalier
Tout aussi grand cœur nous avons;	Trente ou quarante paysans
Tout autant souffrir nous pouvons :	Maniables et combattants.
Allions-nous par serment,	

Ce qu'est une commune.

Une commune est la réunion des habitants d'une ville ou d'une bourgade qui ne payent qu'une fois par an un *impôt fixe* à leur seigneur; qui ont le droit d'*élire* leurs magistrats, de *faire des lois* et des règlements applicables sur toute l'étendue de leur territoire, de *rendre la justice*, de *s'armer* pour leur défense, de *sonner les cloches*, etc.

La commune se forme — ou par un contrat, *une charte* débattue à l'amiable entre le seigneur et ses sujets, — ou à *la suite d'une lutte*, après laquelle les sujets victorieux imposent les conditions de la charte au seigneur vaincu; — ou par *un octroi* spontané du seigneur, qui, étant obéré, offre l'affranchissement à ses sujets, moyennant le don d'une somme d'argent.

Magistrats des communes.	{ **Les communes du nord** ont à leur tête un *bourgmestre* et des *échevins*, — celles du centre, un *maire* et des *jurés;* — celles **du midi**, des *consuls*.
Premières communes.	Le Mans (1066). — Cambrai (1076). — Beauvais (1099). — Saint-Quentin (1102). — Noyon (1108). — Laon (1112). — Amiens (1113). — Soissons (1113). — Angers (1115). — Abbeville (1130). — Reims (1138). — Sens (1146). — Révolution consulaire *du Midi*.
Décadence des communes.	**Les communes** contribuent à l'accroissement de *l'autorité royale* en affaiblissant *la féodalité*. **La décadence des communes est rapide.** En France, *l'esprit romain et centralisateur*, qui a subsisté à travers le Moyen Age, l'emporte sur *l'esprit d'indépendance locale* : les communes deviennent des *villes de bourgeoisie*, des *villes royales*. — Commencement du *tiers état*.

PROGRÈS DU POUVOIR ROYAL EN FRANCE. LOUIS VI ET LOUIS VII.

Les Capétiens. ——— **Hugues Capet (987-996).**	**Hugues Capet, premier roi capétien,** est proclamé à Senlis, sur la proposition d'*Adalbéron*, archevêque de Reims. — Il ne possède, en réalité, que *le duché de France*, n'est ailleurs qu'un *suzerain* peu obéi, s'appuie sur l'Église, **est sacré** à Reims. — Il triomphe de **Charles de Lorraine**, *dernier Carolingien*, qui meurt captif à Orléans (991). — Intervient en Aquitaine, contre *Adelbert*, comte de Périgord : « *Qui t'a fait comte? — Qui t'a fait roi?* »
Robert (996-1031).	**Robert** est pieux, compose des hymnes, chante au lutrin. — Sous lui *l'an mille* et la crainte de la fin du monde. — Il épouse **Berthe**, sœur du dernier roi de Bourgogne *Rodolphe III*; mais *Grégoire V* **l'excommunie** pour avoir épousé sa parente, et met le royaume en **interdit**. — **Robert** renvoie Berthe et épouse *Constance de Toulouse*, qui introduit à sa cour les mœurs légères du *Midi*. — *Premiers hérétiques* brûlés à Orléans (1022). **La Bourgogne** devient l'apanage du *fils cadet* de Robert, nommé comme lui, et qui est *le premier duc capétien de Bourgogne* (1032).
Henri Iᵉʳ (1031-1060).	**Henri Iᵉʳ** se brouille avec *les Normands* et perd *le Vexin*. — Il épouse *Anne de Russie*, fille de Iaroslaw, et fait sacrer de son vivant son fils *Philippe*. — A cette époque, *guerres perpétuelles* entre les seigneurs, famines, épidémies, misère. **Paix de Dieu,** interdisant la guerre privée entre les seigneurs (1034). — **Trêve de Dieu,** défendant la guerre entre chrétiens, depuis le mercredi soir jusqu'au lundi matin, sous peine d'excommunication (1041).

Philippe Ier (1060-1108).

Philippe Ier, roi à sept ans, règne quarante-huit ans. — Sous lui, *conquête de l'Angleterre par les Normands* (1066), *les communes* (1066), *première croisade* (1095). — **Personnellement**, il fait peu de chose, est vaincu par le comte de Flandre *Robert le Frison* et par *Guillaume le Conquérant*, roi d'Angleterre, et est **excommunié** pour avoir enlevé *Bertrade de Montfort* à son mari *Foulque le Réchin*, comte d'Anjou.

Les véritables maîtres de la France sont les grands vassaux ou pairs du royaume : *le duc de Normandie*, roi d'Angleterre ; *le duc de Bourgogne* ; *le duc d'Aquitaine* ; *le comte de Flandre* ; *le comte de Toulouse* ; *le comte de Champagne* ; *le duc de Bretagne* ; *le comte d'Anjou*.

Louis VI le Gros (1108-1137).

Louis VI, dit le Gros : *protecteur de la paix publique*, allié du clergé, soutenu par les communes, toujours à cheval, défend contre les barons l'ordre, la sécurité des routes ; soutient les pauvres et les églises ; a pour conseiller et pour ami **Suger**, *abbé de Saint-Denis*. — *Réveil de la royauté française.*

Louis possède l'Ile de France, Paris, Orléans. — Du vivant de son père, il a combattu *Bouchard de Montmorency, Mathieu de Beaumont, Èbles de Roucy*. — Plus tard, il lutte contre *Enguerrand Ier de Coucy, Thomas de Marle, Amaury de Montfort, Hugues du Puiset* ; il soutient l'évêque de Clermont contre *le comte d'Auvergne*.

En Normandie, Louis protège *Guillaume Cliton*, fils de Robert Courte-Heuse, contre *Henri Ier Beau-Clerc* ; mais il est battu à *Brenneville* (1119). Il donne à *Cliton* le comté de Flandre, vacant par la mort de *Charles le Bon*, assassiné dans l'église Saint-Donatien, à Bruges (1127). — *Les milices des communes* se groupent sous *l'étendard royal* (oriflamme de Saint-Denis).

Louis VII le Jeune (1137-1180).

Louis VII le Jeune a épousé, du vivant de son père, *Éléonore de Guyenne*, fille et héritière de *Guillaume X*, duc d'Aquitaine. Il acquiert ainsi le midi de la France. — Il brûle *Vitry* dans une guerre contre le comte de Champagne (1142), et, pour expier ce crime, prend part à *la seconde croisade*, qui échoue. Pendant ce temps, *l'abbé* **Suger** dirige les affaires du royaume.

Au retour, Louis divorce avec Éléonore au concile de Beaugency (1152) ; il perd ainsi *l'Aquitaine*, qu'*Éléonore* porte à son second mari, *Henri II Plantagenêt*, duc de Normandie et roi d'Angleterre. — Lutte de Louis et de Henri II.

Mouvement des esprits au onzième siècle.

La scolastique ou *application de la dialectique à la théologie*. — **Bérenger de Tours** (998-1088) attaque le dogme de *la présence réelle dans l'Eucharistie* ; il est réfuté par **Lanfranc de Pavie**. — **Saint Anselme** (1033-1109), et, après lui, **Guillaume de Champeaux** soutiennent *le réalisme* contre *le Breton* **Roscelin**, qui défend *le nominalisme*, et est condamné au concile de Soissons (1092). — Querelle des *réalistes* et des *nominaux*. — Entre ces deux systèmes, **Abélard** (1079-1142) défend *le conceptualisme* ; ses discussions avec saint **Bernard** (1091-1153) : *Le Paraclet*. — **Pierre Lombard**, dit *le Maître des sentences* (1100-1160).

PHILIPPE AUGUSTE. SON GOUVERNEMENT. REGNE DE SAINT LOUIS.

Philippe II Auguste (1180-1223).

Philippe II Auguste (né dans le mois d'août), roi à quinze ans, épouse d'abord *Isabelle de Hainaut* et obtient, par suite de ce mariage, le *Vermandois*, l'*Amiénois*, le *Valois*, l'*Artois*, *Hesdin.*

Philippe lutte contre *Henri II Plantagenêt*; s'allie avec *Richard Cœur-de-Lion*; se brouille avec lui; est vaincu par Richard; soumet l'*Auvergne* (1199); confisque sur son vassal *Jean Sans-Terre*, assassin d'Arthur de Bretagne, la *Normandie*, l'*Anjou*, le *Maine*, la *Touraine* et le *Poitou* (1204), et gagne la célèbre bataille de **Bouvines** (entre Lille et Tournay), contre l'empereur *Othon IV de Brunswick, Ferrand*, comte de Flandre, et *Renaud*, comte de Boulogne, alliés de *Jean Sans-Terre* (1214). — *Louis*, fils du roi, est sur le point de s'emparer de l'Angleterre.

Philippe est excommunié par *Innocent III*, pour avoir répudié *Ingeburge de Danemark* et épousé *Agnès de Méranie*; il résiste d'abord, mais le royaume de France est mis **en interdit**; Philippe cède et renvoie Agnès.

Son gouvernement.

DOMAINE ROYAL partagé en 78 *prévôtés.* — **Le prévôt** a sa prévôté *à ferme* et y exerce les fonctions financières et judiciaires avec *quatre assesseurs.* — Au-dessus des prévôts, il y a **les baillis**, hommes d'épée et nobles, qui commandent le *ban* et *l'arrière-ban*, jugent *les cas féodaux* réservés au roi, et tiennent chaque mois des **assises**, où sont revisés en *appel* les jugements des prévôts.

Quarantaine-le-Roy, qui restreint les guerres privées en établissant un intervalle de quarante jours entre la déclaration et le commencement des hostilités. — Abolition du **partage** (1210) : en cas de partage d'un fief entre frères, les *cadets* ne prêteront plus hommage à l'*aîné*, mais relèveront directement du suzerain. — Fréquentes réunions de **la Cour des Pairs**, composée des douze *grands vassaux.* — L'enceinte de Paris. — L'Université.

Louis VIII (1223-1226).

Louis VIII le Lion, marié avec *Blanche de Castille*, a failli être roi d'Angleterre. — Il conquiert sur *Henri III* l'*Aunis*, la *Saintonge*, l'*Angoumois*, le *Périgord*; accepte la donation du comté de Toulouse, faite par *Amaury de Montfort*; reprend pour son compte *la guerre des Albigeois*; s'empare d'Avignon, Nîmes, Carcassonne, Béziers, et meurt au retour.

Louis IX ou saint Louis (1226-1270).

Régence de Blanche de Castille (1226-1236).

Louis IX ou saint Louis. — Ses frères sont : *Robert*, comte d'Artois ; *Alphonse*, comte de Poitiers et d'Auvergne ; *Charles*, comte d'Anjou et du Maine. — **Louis IX** est roi à douze ans; sa mère, **Blanche de Castille**, femme pieuse et énergique, est *régente.*

Révolte des barons : *Hugues de la Marche*, marié avec Isabelle, veuve de Jean Sans-Terre et mère du roi d'Angleterre Henri III; *Thibault IV*, comte de Champagne; *Raymond VII*, comte de Toulouse; *Pierre Mauclerc*, comte de Bretagne; *Philippe*, comte de Boulogne et frère de Louis VIII, qui réclame la régence.

Régence de Blanche de Castille (1226-1236). (Suite.)

Blanche gagne *Thibault*, et impose à *Raymond VII* les traités de *Meaux* et de *Paris*, qui terminent la guerre contre *les Albigeois :* Narbonne, Béziers, Nîmes, sont cédés au roi; *Alphonse*, frère du roi, épouse *Jeanne*, fille et héritière de Raymond (1229). — **Blanche** marie **Louis IX** avec *Marguerite*, l'une des filles de *Raymond Bérenger*, comte de Provence; — *Charles d'Anjou* épouse une autre fille du même comte, *Béatrix*, héritière de la Provence. — **Blanche** protège les serfs de Châtenai **contre les chanoines** de Notre-Dame (1232).

Gouvernement personnel de Louis IX.

Louis IX gouverne par lui-même (1236).—Nouvelle révolte du comte *de la Marche*, soutenu par le roi d'Angleterre (1241); le comte est vaincu à *Taillebourg* et à *Saintes* (1242). — *Traité d'Abbeville* (1259) : le roi d'Angleterre *Henri III* renonce à toute prétention sur la Normandie, l'Anjou, le Maine, la Touraine, le Poitou, mais recouvre, sous condition de vassalité, le Quercy, l'Agénais, le Limousin et la Saintonge, au sud de la Charente. — Fin des *coalitions féodales* contre la *monarchie territoriale*.

Louis IX, admiré **pour sa justice**, est choisi comme **arbitre** entre les maisons de *Dampierre* et d'*Avesnes*, pour la succession de Flandre; entre *Henri III* et les *barons anglais* soulevés. — Il refuse, pour lui et son frère *Charles*, *la couronne impériale* offerte par le pape *Grégoire IX*, qui avait déposé *Frédéric II*, mais oblige celui-ci à remettre en liberté des prélats captifs. — En 1249, *Alphonse*, frère du roi, devient *comte de Toulouse*.

Louis IX dirige la septième croisade en Égypte, où il est vaincu et fait prisonnier. — Pendant ce temps, sa mère, *Blanche*, est de nouveau *régente* (1248-1254). — Révolte *des pastoureaux*. — **Saint Louis** meurt devant Tunis pendant *la huitième croisade*.

Administration de Louis IX.

Administration locale confiée à des officiers royaux réunissant les pouvoirs *administratifs, financiers, judiciaires, militaires*. — Deux classes : 1° LES BAILLIS, appelés SÉNÉCHAUX dans le midi ; *nobles*, choisis par le conseil du roi, qui lui prêtent serment, et sont payés par lui ; — 2° **les prévôts** dans le centre de la France, **vicomtes** en Normandie, **bayles** dans le midi. Ils afferment aux enchères publiques *les revenus des prevôtés*, composés : 1° du produit des domaines royaux ; 2° des cens et autres redevances dus aux rois ; 3° des amendes et des émoluments de justice. — Ils sont, malheureusement, *juges* et *fermiers* des amendes.

Les enquesteurs royaux ou *réformateurs*, pris dans le clergé et chargés de parcourir le royaume et de réformer les abus. — La *Quarantaine-le-Roy* renouvelée. — L'*asseurement*, qui, en cas de contestation, permet à la partie la plus faible d'en appeler au *suzerain* et de lui remettre la décision du différend. — *Substitution des preuves testimoniales au duel judiciaire* (1260). — Les *cas royaux*, c'est-à-dire réservés à la justice du roi. — *Appels* des tribunaux féodaux à *quatre grands baillis*, à Saint-Quentin, Sens, Mâcon, Saint-Pierre-le-Moûtier. — Le *conseil du Roi* devient le **Parlement**. — *Police sévère* dans Paris : *guet royal*.

<table>
<tr>
<td rowspan="3">Administration.
(Suite.)</td>
<td>Droit de battre monnaie d'or et d'argent réservé exclusivement à la couronne. — Cours forcé de la mounaie royale par toute la France. — Les seigneurs obligés de veiller à la sûreté des routes sur leurs domaines depuis le lever jusqu'au coucher du soleil. — Les Quinze-Vingts, hôpital fondé pour 300 (15 × 20) chevaliers aveugles.</td>
</tr>
<tr>
<td>Saint Louis, très pieux, mais très ferme à l'égard du clergé, oblige les évêques à comparaître en cour royale et oblige les églises à payer des aides pour la guerre. — La pragmatique sanction.</td>
</tr>
<tr>
<td>Les légistes : Pierre de Fontaines, Geoffroy de Villette et Philippe de Beaumanoir. — Les coutumes du Beauvaisis, les Établissements de saint Louis. — Saint Louis rend la justice au bois de Vincennes.</td>
</tr>
</table>

LES ARTS, LES LETTRES, LES ÉCOLES AUX XIIᵉ ET XIIIᵉ SIÈCLES.

LE COMMERCE ET L'INDUSTRIE.

<table>
<tr>
<td>Formation
de la langue française.</td>
<td>La langue française a pour origine la langue romane, mélange de latin, de celtique, avec un peu d'allemand. — Langue d'oc (oui), au midi ; langue d'oïl (oui), au nord. — Les Troubadours, au midi (canzons, tensons, sirventes, ballades, cours d'amour). — Les Trouvères, au nord (chansons de geste, lais, virelais, rondeaux).</td>
</tr>
<tr>
<td rowspan="3">Poésie épique.</td>
<td>Cycle carlovingien : Chanson de Roland, œuvre de Théroulde (Xᵉ-XIᵉ siècle). Chanson des Loherains; les Quatre fils Aymon; Ogier le Danois; Gérard de Roussillon.</td>
</tr>
<tr>
<td>Cycle d'Arthur ou de la Table ronde : Le Brut; le Roman du Rou (ou de Rollon), œuvre de Robert Wace, clerc à Caen (XIIᵉ siècle); le Chevalier au Lion; le Chevalier de la Charrette; Lancelot du Lac, œuvre de Chrétien de Troyes (XIIᵉ siècle); Pérédur, Gauvain, Tristan et Yseult, Parceval le Gallois, le saint Graal.</td>
</tr>
<tr>
<td>Cycle alexandrin, dont Alexandre le Grand est le héros. Principaux écrivains : Benoît de Sainte-More, Hugues de Rotelande, etc.</td>
</tr>
<tr>
<td>Poésie allégorique.</td>
<td>Le Roman de la Rose, par Guillaume de Lorris († 1260), continué par Jean de Meung († 1320). — Les Fabliaux. — Le Roman du Renart.</td>
</tr>
<tr>
<td>Poésie lyrique.</td>
<td>Quesne de Béthune († 1224), Thibault IV de Champagne, etc.</td>
</tr>
<tr>
<td>Chroniques latines.</td>
<td>Jusqu'au XIIᵉ siècle, les chroniqueurs écrivent en latin : Raoul Glabert († 1150), Orderic Vital (1075-1150), Guibert de Nogent (1053-1124), Galbert de Bruges (XIIᵉ siècle), Suger (1082-1152), Guillaume de Tyr (1130-1194?) Guillaume de Jumièges (XIᵉ siècle), Guillaume le Breton (XIIᵉ-XIIIᵉ siècle), Mathieu Paris (1195-1259), etc.</td>
</tr>
</table>

Premiers prosateurs français.

Villehardouin, maréchal de Champagne (1167-1213), raconte *la quatrième Croisade*, à laquelle il a pris part (1198-1207). — **Joinville**, *le bon sénéchal* de Champagne (1227-1317), raconte la *Vie de saint Louis*. — *Henri de Valenciennes* raconte l'Histoire de Henri de Flandre, second empereur latin de Constantinople. — *Bernard le Trésorier* raconte l'Histoire de la cinquième Croisade.

Littératures étrangères.

En Allemagne, les *minnesinger* ou chantres d'amour : *Henri de Weldech, Wolfram d'Eschenbach, Albert de Halberstadt, Henri d'Ofterdingen, Klingsohr, Pfeffel, Walther de Vogelweide, Conrad*, etc. — Les *Nibelungen*, épopée nationale des Allemands au moyen âge, imitée de *l'Edda* scandinave.

En Espagne, les *Romanceros du Cid* (Don Rodrigue Diaz de Bivar, surnommé le *Cid* [seigneur], 1040-1099).

En Angleterre, après la conquête normande, le **français** est la *langue officielle* de 1066 à 1362. La langue anglaise se mélange de mots français. — *Ballade de Robin-Hood*, chant d'outlaw.

Université de Paris (1200).

Université de Paris, organisée par **Philippe Auguste** (1200) : étudiants divisés en 4 nations : *France, Picardie, Normandie, Angleterre* (plus tard *Allemagne*). — *Le recteur élu : sa* juridiction. — 4 facultés : *arts, théologie, médecine, droit.* — La faculté des arts a 7 chaires : *Grammaire, rhétorique, dialectique, arithmétique, géométrie, musique, astronomie.* — **La Sorbonne**, école de haute théologie, fondée par *Robert de Sorbon* (1252). — *Archives.* — *Universalité de la langue française au XIIIe siècle.* — Lutte des *ordres mendiants* (*Franciscains, Dominicains*) et de l'Université (1230-1260).

Autres Universités.

Universités *d'Oxford*, *Bologne* (droit), *Toulouse*, *Padoue*, *Salamanque*, *Naples, Cambridge, Vienne, Upsal, Montpellier* (médecine).

Les Docteurs du XIIIe siècle.

Franciscains : Alexandre de Halès, *le Docteur Irréfragable* († 1245). — **Roger Bacon** (1214-1294), *le Docteur Admirable.* — **Saint Bonaventure** (1221-1274), *le Docteur Séraphique.* — **Duns Scot** (1275-1308), *le Docteur Subtil.* **Dominicains :** **Vincent de Beauvais** (1200-1264), auteur du *Speculum majus.* — **Albert le Grand** (1205 1280), *le Docteur Universel.* — **Saint Thomas d'Aquin** (1227-1274), *le Docteur Angélique*, auteur de la *Somme théologique.* *Célèbre querelle* entre les **Scotistes** (réalistes) et les **Thomistes** (nominaux).

Les quatre Ordres mendiants.

Les Franciscains ou **Frères Mineurs**, plus connus autrefois, en France, sous le nom de Cordeliers, sont fondés, en 1210, par *saint François d'Assise* (1182-1226). — Cet ordre a donné, plus tard, naissance aux **Récollets** (1484), aux **Capucins** (1525), etc.
Les Dominicains ou **Frères Prêcheurs**, plus connus autrefois, en France, sous le nom de Jacobins, sont fondés, en 1215, par *saint Dominique* (1170-1221).
Les Carmes, primitivement *ermites du mont Carmel*, sont définitivement constitués, en 1224. Ils sont établis à Paris par *saint Louis*, à son retour de la croisade. — **Carmes déchaussés** (réforme de sainte Thérèse).
Les Augustins sont constitués en ordre par le pape *Alexandre IV*, en 1256.

Autres Ordres religieux.

Les **Bénédictins** de *Cluny* (moines noirs) et de *Cîteaux* (moines blancs, cisterciens). — Les **Bernardins**, fondés en 1115, par *saint Bernard*, dans la célèbre abbaye de *Clairvaux*. Cet ordre donnera naissance, en 1577, à la congrégation des **Feuillants**. — Les **Chartreux**, fondés en 1084, par *saint Bruno*. — L'ordre de **Fontevrault**, fondé vers 1100, par *saint Robert d'Arbrissel*. — Les **Célestins**, fondés en 1263, par *saint Pierre de Mouron*, qui devint pape, sous le nom de *Célestin V*. — Les **Prémontrés**, fondés en 1121, par *saint Norbert*.

Les **Chevaliers de Saint-Lazare**, institués pour soigner *les lépreux*. — Les **Trinitaires**, institués par *saint Jean de Matha* et *saint Félix de Valois* (1198), et les **Chevaliers de Notre-Dame de la Merci**, institués par *saint Pierre de Nolasque* (1223), pour la rédemption des *captifs*.

Architecture.

Architecture ogivale ou gothique. — L'**ogive**, arceau en forme d'arête, constitué par la rencontre de deux surfaces courbes. *Cathédrales* en forme de croix : tours et voûtes très élevées, clochetons, flèches aiguës, jubés, sculptures variées, splendides verrières, magnifiques rosaces.

Notre-Dame de Paris, commencée en 1163, par l'évêque *Maurice de Sully*, et dédiée sous Philippe Auguste. — *Notre-Dame de Chartres*; — cathédrales de *Laon, Soissons, Noyon, Sens, Cologne*; abbayes de *Saint-Ouen*, de *Westminster*, etc.

Les architectes : *Pierre de Montereau* (la *Sainte-Chapelle*). — *Enguerrand* (cathédrale de *Rouen*). — *Libergier, Robert de Luzarches, Thomas de Cormont, Renaut de Cormont* et *Robert de Coucy* (cathédrales de *Reims* et d'*Amiens*). — *Erwin de Steinbach* (cathédrale de *Strasbourg*). — *Maîtres ès œuvres, francs-maçons, maîtres verriers*, confréries des *frères pontifes* (ponts).

Architecture civile. — Le *Louvre* de Philippe Auguste. — Le *Palais de saint Louis* (Palais de Justice, Tour de l'Horloge, Sainte-Chapelle, etc.). — *Hôtel-Dieu, Halles*. — *Les châteaux féodaux* : Coucy, Montlhéry, Arques, Vincennes, etc. — *Hôtels de ville et beffrois* : Gand, Bruges, Ypres, etc.

Musique.

Plain-chant, *chant Grégorien*; *contre-point*. — *Gui d'Arezzo* a inventé la *gamme*, au commencement du XIe siècle. — *Orgues à tuyaux*.

L'industrie et le commerce.

A Paris : *ordonnances* de saint Louis. Le *Livre des Métiers*, d'Étienne Boyleaux, prévôt de Paris. — *Seconde hanse* pour les transports sur la haute Seine. Foire de Saint-Denis.

En Flandre : *les draperies* de Gand, Ypres, Bruges, Louvain.

En Champagne : *les villes manufacturières et les foires célèbres* de Troyes, Bar-sur-Seine.

Dans le Midi : Toulouse, Montpellier, Bordeaux, Beaucaire, Vienne, Lyon, Marseille, sont *les centres commerciaux et industriels*.

En Aragon : Barcelone; — **chez les Maures** : Grenade, Almérie, Malaga; — en Castille : Cadix, Cordoue, Séville, Tolède, Valladolid, Burgos.

En Italie : Venise, Gênes, Naples, Florence, Milan, Pise.

**L'industrie
et le commerce.**
(Suite.)

En Allemagne : Bâle, Strasbourg, Mayence, Cologne, Trèves, Augsbourg, Ratisbonne, Nuremberg, Francfort, Prague.
Dans le Nord : *les villes hanséatiques,* Lubeck, Hambourg, Brême, Bergen, Novogorod, Londres, Dantzig, Dunkerque, Anvers, Ostende, Amsterdam. — *Les Corporations de marchands. — La lettre de change* facilite les transactions commerciales.

LES ÉTATS DE L'EUROPE EN 1270.

France.

Prépondérante sous saint Louis, arbitre de l'Europe. — *Il y a des dynasties françaises* en Angleterre (Normands, 1066-1154 ; Plantagenêts, 1154-1399) ; — en Portugal (maison de Bourgogne, 1095-1383) ; — en Navarre (maisons de Champagne, Capétiens, Évreux, 1234-1422) ; — à Jérusalem (maisons de Bouillon, Anjou, Lusignan, 1099-1229) ; — à Constantinople (empire latin, 1204-1261) ; — à Chypre (Lusignan, 1191-1489) ; — à Naples (Normands, 1043-1194 ; Anjou 1266-1435) ; — en Hongrie (Anjou, 1308-1386). — « *La famille capétienne, comme un arbre immense, couvre la chrétienté de son ombre.* » (DANTE.)

Angleterre.

Sa constitution s'organise. — Elle conserve en France *la Guyenne.* Elle a conquis *le Pays de Galles et l'Irlande.*

Écosse.

Affranchie par Robert Bruce (1306-1329), défend son indépendance. — Après *David II* (1329-1371), fils de Robert Bruce, commence *la dynastie des Stuarts.*

Espagne.

5 royaumes chrétiens : *Castille et Léon, Aragon, Majorque, Navarre, Portugal.* — 1 royaume musulman : *Grenade.*

Italie

En Italie, l'anarchie et le désordre sont partout. — *Guerres civiles :* Guelfes et Gibelins.
République de Venise : gouvernement aristocratique : *Doge à vie ; sénat ; conseil des Dix ; Livre d'or. — Venise* possède la Dalmatie, les îles Illyriennes, les îles Ioniennes, Candie, etc. C'est *la première ville commerçante* du monde.
République de Gênes : *sa puissance maritime ;* elle possède l'île d'Elbe, la Corse, la Sardaigne, Smyrne, Caffa en Crimée.
République de Pise : vaincue par *les Génois ;* en pleine décadence. — *Ugolin.*
République de Florence : lutte *des arts majeurs et des arts mineurs, des Blancs et des Noirs.*
Rome et la Papauté. — Réunion momentanée *des Églises latine et grecque* (1274).
Le Royaume de Naples, *sous la maison d'Anjou.* — Les Vêpres Siciliennes.

Saint-Empire romain germanique.

Le Grand Interrègne (1250-1273). *Conrad IV, Guillaume de Hollande*, puis *Richard de Cornouailles* et *Alphonse X de Castille* se disputent l'Empire : anarchie en Allemagne. — *La maison de Habsbourg* commencera avec *Rodolphe* en 1273.

7 Électeurs : *archevêques de Trèves, Cologne, Mayence, comte palatin du Rhin, margrave de Brandebourg, duc de Saxe, roi de Bohême.* — *Landgraves, margraves, ducs et comtes.*

Importance croissante de la *Ligue des villes du Rhin*, de la *Ligue des villes de Souabe*, de la **Ligue Hanséatique.**

Bohême.

Les Tchèques. — *Duché de Bohême* avec Premislas (722). — *Royaume de Bohême* avec Wratislas II (1086). — *Puissance de la Bohême* sous Ottokar II, vaincu à la fin par Rodolphe de Habsbourg (1253-1278). — En 1310, début de *la maison de Luxembourg* : Jean l'Aveugle.

Hongrie.

Les Magyars, convertis au christianisme, par **saint Étienne,** leur premier roi chrétien (1000), et successeur d'*Arpad* (900). — *La dynastie d'Arpad* s'éteint en 1301. — **La maison d'Anjou,** venue de Naples, commence, en 1308, avec *Charles-Robert.* — *Louis le Grand* (1342-1382).

Pologne et Lithuanie.

Les Slaves, établis sur la Vistule au VIe et au VIIe siècle. — *Duché de Pologne,* sous les *Piasts* en 842. — **Royaume de Pologne** avec *Boleslas* (1000). Sa puissance sous *Casimir le Grand* (1333-1370). — En 1386, *Hedwige,* héritière du royaume de Pologne, épouse **Ladislas Jagellon,** *grand-duc païen de* Lithuanie, qui se fait *chrétien* et réunit les deux États.

Chevaliers Teutoniques.

S'unissent aux Chevaliers Porte-Glaives et font la *conquête de la Prusse* sur les *Borusses idolâtres* (1229-1283).

États Scandinaves.

Suède, chrétienne en 1002, sous *Olaf Skotkonung.* — **Danemark,** indépendant du Saint-Empire Romain sous *Waldemar Ier le Grand* (1157-1182). — **Norvège,** chrétienne sous *Olaf Trygveson* (995-1000). — *Découverte de l'Islande,* par Naddod (861), *du Groënland,* par Éric le Roux (982).

La Russie.

Rurik, venu de Suède, s'établit, en 862, à Novgorod, qui devient *une puissante république marchande.* — *Les Russes chrétiens* avec **saint Wladimir** (980-1013) : *Kief* est la capitale de l'empire.

Genghis-Khan (1164-1227), à la tête des **Tatars-Mongols,** conquiert *l'Asie,* de la mer de Chine au Volga. — Après sa mort, ses États sont partagés en 4 hordes : son petit-fils *Batou,* à la tête de la *Grande Horde,* prend **Kief** (1240). La Russie est dès lors **tributaire des Tatars.**

L'Empire d'Orient.

L'Empire grec a été rétabli en 1261. Il est menacé par les **Turcs ottomans** sous *Othman* (1294-1326) et sous *Orkhan* (1326-1360).

FIN.

Paris. — Imprimerie DELALAIN, rue de la Sorbonne, 1 et 3.

www.ingramcontent.com/pod-product-compliance
Lightning Source LLC
LaVergne TN
LVHW050106060726
842524LV00003B/952